STYLE OF MLB
メジャーの流儀

イチローのヒット1本が615万円もする理由

古内義明
Yoshiaki Furuuchi

大和書房

Prologue

「21年連続メジャー誕生日」

アリゾナの乾いた空気に、ミットに収まった剛速球の心地よい音が響き渡る。メジャーのスカウトの視線を釘付けにしていたのは、北海道日本ハムファイターズの大《おお》谷翔平《たにしょうへい》だった。

アリゾナ州ピオリア。むき出しの岩肌に、サボテンが映える。メジャーではここで張るスプリング・キャンプの名称を、サボテンに因んで「カクタスリーグ」と名付けている。この地で、日本ハムが業務提携を結ぶサンディエゴ・パドレスのキャンプ施設を借りて、29年ぶりに海外キャンプを張り、その主役が大谷だった。

「大谷詣で」。15日間、大谷のピッチングやバッティングを生で見るために、パドレスのＡＪ・プレラーＧＭ（ゼネラル・マネージャー）やアンディ・グリーン監督をはじめ、メジャーのスカウト陣が大挙してやってきた。

これまで巨人やヤクルトなど、いくつもの球団が海外キャンプをしてきた。最大の目的は「メジャーから学ぶ」という一語に尽きる。だが、現代のキャンプは、メジャーが「日本最高の投手を見に行く」というショーケースになった。その事実に、隔世の感を禁じ得ない。

野球専門誌『ベースボール・アメリカ』（電子版）は、「The Fastball Prince（速球王子）」という表現で次代のスターをたとえ、大谷フィーバーに沸くアリゾナキャンプ特集を組んだ。二刀流に関しては、「a two-way player」という表現を用い、「いまはまだ決断できない。いま言えることは、二刀流に挑戦していること」と、まだ成長過程であることを強調。さらに、「日本最速右腕は高速のスライダーとスプリッター、それにチェンジアップとカーブも操る」と絶賛。ただ、現在は「ポスティング制度を利用するしか、メジャーでプレーする方法がないこと」にも言及し、そうなるには、「時期尚早」と結論付けていた。

さらには、公式サイトである「MLB.com」が、名物記者のバリー・ブルーム氏の独占インタビューを敢行。韓国のロッテ・ジャイアンツとの練習試合で初登板初先発した大谷が、2回を1安打に抑え、3者連続三振を含む4奪三振を奪うピッチングに、50人程のメジャーのスカウトが集まったことを強調。「次のライジングスター」という見出しで、「メジャーは自分の夢。ファイターズで何かを成し遂げたとき、チームと（メジャー行きを）話し合いたい」という心の内を伝えていた。

遅かれ早かれ、大谷が海を渡ることは既定路線であり、ネット裏でスピードガンを向けるスカウトもすでに織り込み済みという雰囲気なのだ。メジャーからしてみれば、日本で将来を嘱望される小中高校生のアマチュア選手はすでにスカウトによって網羅され、未来のチーム編成にさえ影響を与える視点で、日本の野球が語られる時代になっている。

もはや日本のトップレベルの実力も、ポテンシャルも世界レベルになった。その彼らをマネジメントするレベルも、日本はメジャーと肩を並べるようになっただろうか。

答えは、「NO」だ。

1995年当時で比較すると、日米のプロ野球の売上げに大差はなかった。そこから20年。NPB（日本野球機構）の売上げは微増であり、MLB（メジャーリーグベースボール）はNPBの6倍以上の売り上げ1兆円規模を誇り、日本でいえば、東証一部上場企業の上位社に匹敵する巨大ビジネスを築き上げ、世界最高峰のスポーツビジネスに君臨している。

改革の舵を執ったのは、第9代コミッショナーのバド・セリグだ。アメリカン・リーグとナショナル・リーグを2地区制から3地区制に再編し、ポストシーズンで地区2位のうち最高勝率チームをワイルドカードとするディビジョンシリーズを導入。また、インターリーグ（交流戦）を導入して、見ごたえのある対戦カードを創出し、真夏の祭典のオールスターゲームを改革し、勝利したリーグにワールドシリーズ本拠地開幕権を与えた。

北米大陸でスポーツ以外のエンターテインメントとの激しい競争に飲み込まれないために、国際化も積極的に推し進めた。その象徴が、WBC（ワールド・ベースボール・クラシック）に他ならない。メジャーリーガーが参加する世界一決定戦を初開催する目的で、世界中のプレーヤーをメジャーの本拠地に招待し、実力を競わせた。メジャーの目論見どおりに、WBCは日本のスター選手が憧れだったメジャーを現実のものにする「見本市」となった。さらに、財政基盤を整え、新たな利益を確保するために、30球団のブランディング強化のために、放映権ビジネスやITビジネスを推進し、売上げアップにつなげた。利益は30球団に平等に分配し、年俸総額が一定額を超えたチームにはぜいたく税を課すことで戦力均衡に努めた。すべては「共存共栄」の原理原則に基づいての未来志向のアクションだった。

私がメジャーリーグにのめり込むきっかけになったのは、立教大学体育会硬式野球部に所属し、野球部の智徳寮での日々だった。当時の横川賢次監督が、まだ試験放送中のNHK衛星放送を食堂に導入した。1年生に課せられる電話番をはじめとする当番の際にメジャー中継を見ていて、海の向こうで繰り広げられるメジャーの世界に魅せられた。居ても立っても居られず、わずかな試験休みを利用して、バックパッカーとなって渡米した。実際にドジャースタジアム、フェンウェイパーク、シェイスタジアム、ヤンキースタジアムを訪れ、天然芝の上で繰り広げられるメジャーリーガーのパワーとスピードを目に焼き付けてきた。何よりも、野球場ではなく、「ボールパーク」という空間が楽しかったし、さまざまなイベントに大いに刺激を受けた。あの時間がなければ、いまの自分はなかった。本当に、そう思う。

その後、95年に渡米して以降、これまで2000試合以上を取材する幸運に恵まれ、この20年間のメジャーリーグの「光と影」をつぶさに見てきた。

日米の距離感を一番縮めた立役者は、選手たちに他ならない。64年の村上雅則《むらかみまさのり》氏に始まり、〝パイオニア〟の野茂英雄《のもひでお》、佐々木主浩《ささきかずひろ》、イチロー、松井秀喜《まついひでき》、松井稼頭央《まついかずお》、松坂大輔《まつざかだいすけ》、ダルビッシュ有《ゆう》、田中将大《たなかまさひろ》と、次々とスター選手が夢を叶《かな》えるため、そして、実力を証明するために、戦う場をメジャーに求めた。

これまで、エース、クローザー、セットアッパー、トップバッター、クリーンアップ、捕手、内外野手などなど、あらゆるカテゴリーの選手がメジャーのフィールドに立った。称賛を浴びた選手もいれば、夢半ばで帰国した選手、実力を発揮できなかった選手、偉大な記録を残した選手もいた。そんな彼らの喜びや苦悩からわかったことは、メジャー側の求める選手像に移り変わりがある一方で、変わらない部分が、より明確化してきたことだ。

投手のキーワードを挙げれば、「日本人らしさ」に尽きる。四球を出さない制球力があり、決め球となる〝伝家の宝刀〟が備わっている。そして、試合にのぞむ姿勢が模範的であり、チームへの〝忠誠心〟がある。そんな選手が好まれる傾向にある。それは、これまで活躍してきた選手の共通点といえるものだ。

メジャーにとって、日本人投手はウェルカムな状況に変わりはないが、内野手や捕手に関していえば、逆風が吹いたままだ。天然芝に対応できない、接触プレーに弱い、という印象は拭《ぬぐ》えないし、捕手は言葉の問題がいまだに大きい。英語はもちろん、スペイン語でコミュニケーションがとれないと、〝扇の要〟の役割を果たせないからだ。

そして2016年の今季、広島東洋カープから前田健太《まえだけんた》がロサンゼルス・ドジャースのマウンドに上がる。それは野茂以降、毎年のように、メジャーリーガーが生まれてきた「21年連続メジャー誕生日」を意味する。

本書は朝日新聞デジタル「&」上に、14年6月から連載されたコラム『メジャー見聞録』(http://www.asahi.com/and_M/major_list.html)をベースにして、加筆・修筆を加え、一冊にまとめたものだ。日本人メジャーリーガーは言うに及ばず、スポーツビジネス、往年の名選手、メジャーの歴史、抱える問題点など、さまざまな角度からメジャーの深部まで焦点を当てた。また、アメリカからの発信ばかりではなく、日本で起こったことをあえてメジャーの視点を通すことで、別角度から分析し、問題提起も試みた。

アメリカではベースボールは「国民的娯楽」という位置付けにある。それは、親の遺言にシーズンチケットが記載されていたり、祖父が孫にスコアブックのつけ方を教えたり、日常生活の一部にベースボールが深く関わっていることからもうかがいしれる。

野球ファンはもちろんのこと、コラムのメインターゲットであるビジネスマンやビジネスウーマン、そして、野球を愛してやまないON世代まで、幅広く読んでいただける内容になったと自負している。

日米の取材現場でお話をうかがった多くの方々の存在なくして、この本は書き上げられなかった。特にＭＬＢの関係者、各球団の関係者、そして選手の方々には感謝の言葉もない。心からの敬意、そして、彼らに対する憧れは、取材者としての私の根幹を支えている。

また、朝日新聞社の三橋有斗氏、前澤智氏、村上耕司氏の３氏のスポーツを愛する想い、デジタル部門への情熱には、敬意を表したい。そして、昼夜にわたって、変わらぬ姿勢で、丁寧な仕事をしていただいた大和書房の松岡左知子氏には、メジャーの奥深さや魅力という「世界観」が伝わるように尽力していただき、心からの御礼を申し上げたい。

最後に、この春、中学生になる愛娘の笑顔やチャレンジ精神にエネルギーをもらい、当たり前の毎日を、当たり前に支えてくれる妻の存在に、「ありがとう！」という言葉を送って筆を擱《お》くことにします。

イチローのメジャー通算３０００本安打を楽しみにして

古内義明

CONTENTS

第2章 メジャー・ビジネス ——ヤンキースの値段

第3章

道を究めた男たちの言霊

第4章

ベースボールは文化だ！

第5章 日米野球摩擦

――大谷翔平が日本を去る日

第1章

野茂デビューから20年
――侍メジャーリーガーの系譜

大谷翔平にも影響を及ぼすマエケンの成否

広島東洋カープからポスティングによるメジャー移籍を目指していた前田健太《まえだけんた》がロサンゼルス・ドジャースと8年総額2500万ドル（約29億円）（契約金100万ドル、年俸300万ドル）で契約した。ドジャースタジアムで行われた入団会見で、前田は「前田健太です。広島東洋カープから来ました。ドジャースの一員になれて、とても光栄です」と、英語で挨拶し、背番号「18」に袖を通した。

「ケガのリスク回避」。ドジャースと前田の契約について、アメリカのメディアの論調には、必ずこのワードがついて回った。現時点で勝者は、完全にドジャースだ。そして、間違いなく〝お買い得〟の買い物となった。

理由は大きく二つある。

一つは、2015年12月下旬に渡米した際に受けた身体検査で、前田いわく「イレギュラーな点」が見つかったことだ。前田の代理人のアダム・カッツ氏はこの事実をメジャー全球団に通達したが、これが向かい風となり、前田獲得に興味を示した球団は限定された。これによって、広島の提示した入札額を了承した全球団と自由に交渉できる選手にとって有利なポスティング制度の効果が、十分に発揮できなくなった。ケガのリスクを抱えた選手に、入札額の20億円を払うギャンブルをしてまで、交渉のテーブルに着く球団は多くはなかった。

手を挙げたドジャースはこのオフ、サイ・ヤング賞投手のザック・グリンキーの引き留めに全力を注いだ。結果は、西地区のライバル、ダイヤモンドバックスの6年総額2億6500万ドル（約254億円）に敗北。先発ローテーションのうち4人がサウスポーで、どうしても右投手がほしかった台所事情も重なった。

ただ、ポスティング制度は16年10月31日で期限切れを迎え、先行きは不透明だ。「古巣に恩返ししたい」、そして「メジャーで早く投げたい」前田にとって、日本に戻るという選択肢は考えられなかった。

こうしてドジャースが主導権を握った交渉は、年俸300万ドルで決着。働きに応じたボーナスの取り決めはあるが、年俸額は日本選手としては異例の低さになった。それは過去に海を渡ったダルビッシュ有《ゆう》の５５０万ドル（約５億６０００万円）、松坂大輔《まつざかだいすけ》の６３３万３３３３ドル（約６億４６００万円）、イチローの５６６万６６６７ドル（約５億７８００万円）と比べても明らかだ。そして、ダルビッシュや田中将大《たなかまさひろ》が手にした、契約を破棄してＦＡ（フリーエージェント）になれるオプトアウト条項は含まれず、ノートレード条項も勝ち取れなかった。

　過去の日本人投手の契約を振り返っても、非常にめずらしいのが、前田の出来高契約だ。最初の関門として、最低でも15回の先発登板をクリアして、20回で１００万ドル、それ以降、25回、30回、32回で１５０万ドルずつが支払われる。もう一つの投球イニング数は90イニングをクリアして25万ドル、以降10イニングごとに１９０イニングまで出来高が設定され、大台の２００イニングで、75万ドルがプラスされる。ケガなく、毎試合の登板を積み重ねていけば、ＭＡＸで年間１３１５万ドル（約15億７８００万円）になり、８年総額にするとＭＡＸで１億６２００万ドル（約１２７億４４００万円）になり、松坂クラスの大型契約となる。しかし、これはあくまで「できたら」という仮定の話だ。

　前田は広島での８年間平均で、27回に先発し、１８８イニングを投げてきた。この出来高条件の上限に照らし合わせて見てみると、松坂やダルビッシュは一度だけ、そして田中は一度もクリアしたことがない。前田が出来高を満額受け取るのは、非常に難しいと言わざるを得ない。

滑るボールや堅いマウンド、気候や時差など、これまで幾度となく日本人投手を苦しめてきた日本とは異なる環境で、8年間にわたり、この数字を達成し続けるのは至難の業といえる。表現は悪いが「活躍してくれれば儲けもの」、もし手術をしたとしても、「8年間のうちに復帰してくれればよい」、というドジャースの考えが根底にあるのは否めないだろう。

「(肘《ひじ》の)不安はまったくなく、ゼロです。ドジャースが長期契約してくれたので、恩をしっかり結果で返したい」。周囲の不安を払拭《ふっしょく》するように、前田側がこだわった「8年」という長期の契約期間は、過去マット・ケンプ(現サンディエゴ・パドレス)に並ぶ球団史上最長年数となった。しかし、8年総額1億6000万ドルという破格の条件を勝ち取ったケンプと、前田とでは比べものにならない契約内容だ。

前田は金額より何よりも、ロサンゼルスの温暖な気候、生活するうえで申し分ない環境を最優先し、同じチームで、長期にプレーする道を選択したはずだ。

二つ目は、「Koshien Elbow(甲子園投手が抱える肘のケガ)」の存在だ。6年総額52

００万ドル（約61億円）の松坂、６年総額５６００万ドル（約43億円）のダルビッシュ、７年総額１億５５００万ドル（約１６１億円）の田中。彼らは日本代表のエースとして活躍し、かつ甲子園が生んだスターだ。以前であれば、輝かしい実績を積んだプロフィールが高評価になり、大型契約でメジャー移籍できたものの、前述した３人がいずれも肘をケガして、故障リストに入る「負の連鎖」で、今回の前田に見られるように風向きが変わった。いまやメジャーの首脳陣が最も警戒する材料が、「Koshien Elbow」なのだ。

今後、メジャーの最大の標的は、日本ハムの大谷翔平《おおたにしょうへい》である。彼ならば、日本選手がまだ手にしていない総額２００億円規模の契約も夢ではない。そして、仮にポスティング制度自体がこのまま存続すれば、19年オフが「Ｘデー」として、日米野球史に新たな１ページを刻む瞬間になるはずだ。だが、甲子園で活躍した先輩たちが「ケガ」というリスクを払拭できなければ、大谷に与える影響は決して小さくはない。

マエケンの活躍は、ドジャースのユニホームを初めて着た野茂《のも》英雄《ひでお》から21年間続く日本人投手の系譜の存続にとって、間違いなく大事な試金石となるのである。

Tanaka standard

メジャーのGMが肝に銘じる〝田中基準〟

2014年、田中将大のニューヨーク・ヤンキース入団を起点に、メジャーのGM（ゼネラル・マネジャー）が、肝に銘じている言葉がある。それが〝Tanaka standard（田中基準）〟だ。言い換えれば、「投資するなら田中のような投手にすべし！」という獲得基準のことだった。

7年契約で年俸総額1億5500万ドル（約161億円）という日本人選手の史上最高額で、鳴り物入りでヤンキースに入団。日米の狂騒曲にも動じることもなく、1年目の前半戦は18試合に先発して12勝4敗、防御率2・51という成績を残した。ヤンキースのエースといってもおかしくないほどの、額面どおりの働きぶりだった。

メジャーのGMも「YES！」とうなずくしかないパフォーマンスだが、一体全体、田中のどこが百戦錬磨の彼らから高い評価を得ているのだろうか。

まずは、正捕手ブライン・マッキャンの指が足りなくなるほど豊富な球種だ。フォーシーム、ツーシーム、カッター、スライダー、チェンジアップ、カーブ、そしてスプリッター。どれもが一級品であり、決め球になり得る。なかでもスプリッターは早くも、「メジャー・ナンバーワン」の呼び声が高い。

メジャーの打者は腕のリーチがあるから外角球に対応できるが、逆に身長があるぶん高低の変化に弱い傾向にある。加えて、スプリッター自体投げる投手がアマチュア時代から少ない。あまり目にしていないから対戦経験が少なく、対策が立てづらい。そのため、各打者は追い込まれる前に勝負をつけようとして早打ちになり、球数が少なくなるという田中にとってはプラスの状況に働いている。

次に、田中はどの球種もほとんど同じ投球フォームで投げ分けるので、対戦相手には厄介な存在だ。しかも、安定した投球フォームは抜群の制球力にもつながっていて、投球リズムがいい。これまでメジャーに移籍した日本人投手が、堅いマウンドや滑るボールで悩まされてきた「四球病」とは無縁の存在なのだ。

さらに、6回以上を投げ、自責点3以下に抑える「QS（クオリティー・スタート）」で、1973年のスティーブ・ロジャース（エクスポズ、現ナショナルズ）以来となるメジャー・デビューからの16試合連続というメジャー最長タイ記録を達成。味方打線も気持ちよくバットが振れるから、打線の援護もある。楽天時代の援護率の高さが、メジャーのマウンドでも続いている。

村上雅則《むらかみまさのり》氏から始まり40人以上の日本人メジャーリーガーが誕生したが、田中はすべての先輩たちが直面した壁をしっかり学習し、それを乗り越えられるだけの高い適応能力を見せつけた。それがGMたちの口から〝田中基準〟という言葉が生まれた理由だ。

ポスティング制度によって、広島からロサンゼルス・ドジャースに移籍した前田健太の獲得の際も、この〝田中基準〟が大きな判断材料になった。前田はこの基準に従って、メジャーのスカウトから詳細に評価され、最終的にGMが入札額から年俸までの投資額を決めたわけだ。GM同様、今後メジャーを目指す日本人投手も、この言葉を肝に銘じなければならない。

QS

W杯の陰でメジャーの偉業に並んだ田中将大

2014年のワールドカップの日本代表の戦いぶりに一喜一憂している間、田中将大がメジャーの歴史を塗り替える大記録に挑んでいた。

田中はメジャー・デビュー以来16試合連続でQSを達成し、1973年のスティーブ・ロジャースの偉業に並んでいた。

なお、連続QSのメジャー記録は67年から68年にボブ・ギブソン（カージナルス）がマークした26試合連続。1シーズンでは、68年のギブソンと05年のクリス・カーペンター（カージナルス）の22試合連続がある。

先発ローテーション投手でも、QSを記録すること自体がシーズンに数回という投手もいる中で、メジャー・デビューとなる開幕からの連続記録を続けた田中の〝超安定感〟は称賛に値する。

ＭＬＢが自責点を公式記録とした１９１２年以来、１０３年の歴史を塗り替える偉業の懸かった7月３日のミネソタ・ツインズ戦。田中は7回85球を投げて、すべてメジャー自己ワーストの9安打４失点。打線の援護もあり、12勝目を挙げたが、ＱＳはついに17試合目でストップした。

「そこは大きな問題ではない。ずっと（ＱＳを）続けていてもチームが負ければ意味がないし、今日みたいにできなくても勝つこともある。それが野球」

本人は意に介さないが、初登板以来の連続ＱＳを塗り替えることはできなかった。それでも、登板17試合での12勝到達は、02年の石井一久《いしいかずひさ》（ドジャース）の18試合を抜く日本投手最速。ヤンキースの新人投手でオールスターまでに12勝をマークしたのは、47年に11勝を挙げたスペック・シェイを抜く球団記録。また日本投手がオールスターまでに12勝を挙げたのは史上初となった。

04年のことだった。イチローがジョージ・シスラー（元ブラウンズ）の持つシーズン最多安打「２５７」を84年ぶりに塗り替えたとき、彼とともにシスラーにスポットライトが当たった。「野球人生で最高の瞬間」と口にしたイチローは、試合を観戦していたシスラーの長女フランシス・ドラクルマンさんと、固い握手を交わした姿は印象的だった。

そして今回、田中がデビュー以来のＱＳ記録更新に迫ったことで、ロジャースという先人の名前が日米で取り上げられた。新記録に挑むということは、歴史の扉を自らの手で開けることでもある。その高揚感を共有できるのは、同じ時代を生きる者の特権であり、何物にも代えられない喜びだ。

この先、田中将大がどんな形でメジャーの歴史の扉をこじ開けるのか。まだまだ興味は尽きない。

13-5 ガラスの肘との共存を強いられる田中将大の未来

田中将大のメジャー1年目は、この言葉に集約されるだろう。

「天国と地獄」

開幕からサイ・ヤング賞に匹敵する働きぶりで、前半戦だけで12勝をマーク（メジャー最多）。防御率2・51（リーグ3位）、135奪三振（リーグ6位）、3完投（リーグ1位）。

特筆すべきは、129回1／3を投げて与えた四球は19個。田中の抜群の制球力は攻撃陣にいい流れをもたらし、打者からの援護射撃も勝利に結びついた要因だ。左右の被安打率を見ても、右打者が2割4分1厘で、左打者が2割3分9厘と苦手をつくらなかった。

また、得点圏にランナーを背負うとギアが入る投球術はさすがだった。走者なしの打率2割5分3厘に対して、得点圏では1割9分6厘と、「ここぞ！」というときは、きっちりと〝伝家の宝刀〟スプリッターで抑え込んだ。

　このまま上昇気流に乗るかと思われた矢先に、アクシデントが田中を襲った。２０１４年７月８日のインディアンス戦後に右肘の痛みを訴え、「右肘内側側副靱帯《そくふくじんたい》の部分断裂」と診断された。ヤンキースは３人のチームドクターの判断により、移植による靭帯を再建するトミー・ジョン手術ではなく、ＰＲＰ療法（血小板注射）による治療を選択し、長いリハビリに入った。


　９月21日のブルージェイズ戦は、75日ぶりの復活劇だった。５回１／３を１失点の好投で13勝目（４敗）を挙げて復帰戦を飾った。

　ヤンキースの首脳陣は、田中のシーズン中の復帰を熱望していた。その理由は、田中が先発として目途が立てば、15年開幕に向けて先発の柱として再び起用できる。逆に、もし思うような結果や肘の痛みが再発した場合は手術に踏み切り、１年半後の16年の開幕を見据える必要がある。そしてオフのストーブリーグで田中の代わりになるような先発を獲得しなければならなくなる。そうなれば多額の出費を覚悟しなければならない。さらに、14年中に投げられず、２年目のオープン戦で肘痛が再発すれば、半年の期間を棒に振ることになる。それだけは避けたかった。そういう意味でも、「今季中」はデッドラインだった。

1年目の最終登板となったレッドソックス戦では、メジャー最短の1回2/3を投げ、ワーストの7失点(自責5)で降板。田中は「シーズン最後の登板が、こういう形で終わって悔しいです」と話した。

結局、後半戦はほとんどチームに貢献できなかった。それでも、メジャー1年目は20試合に先発し、13勝5敗、防御率2・77。1年目としては、7年契約の年俸総額162億円に値する数字といっていいだろう。

課題もはっきりした。田中はこれまで以上に日々、肘のケアに努め、最善の対策を講じる必要がある。一方、ヤンキースは通常の中4日という登板間隔以外にも、先発を一度飛ばしたり、中6日の登板間隔を交えたり、田中の肘の調子を最優先に考えた起用法を模索することになった。そしてまた、一度でも結果が出ずに右肘が悲鳴をあげれば、メディアはこぞって「手術」の二文字を再び書き立て、ヤンキースは待ったなしで踏み切るに違いない。

今後も、田中将大は対戦相手以外にも、自身の「ガラスの肘」とともに戦わなければならない。

田中将大にかみついた元レッドソックスの大エース

日本人では野茂英雄、松坂大輔、黒田博樹《くろだひろき》に次ぐ、4人目の開幕投手の栄誉を手にした田中将大。だが2015年の開幕を前に、地元ニューヨークのメディアからは、14年に苦しめられた右肘の故障再発を不安視されている。

田中にかみついたのは、宿敵レッドソックスで長年エースとしてヤンキース・キラーだったペドロ・マルティネスの発言だった。野球殿堂入りを果たしたマルティネスは出演したラジオ番組内で、「田中の右肘は健康ではなく、昨年のようなスピードがなく、肘に負担をかけないような投げ方をしている。今季ずっと健康な状態でいられるのは難しい」と断言した。

マルティネスのこの発言に、NYメディアが飛びつかないわけがなかった。彼の度胸満点のマウンドさばきと、打者心理を鋭く読むクレバーな投球術はメジャー通算219勝という数字が証明している。グラウンド外でも、その発言はメディアの格好のターゲットであり、ある番記者によれば、「販売部数に影響を与える男」という形容もあったほどだ。

登板日でないときでさえ、マルティネスの周りにはメディアが群がった。あるとき、日本人選手の実力に関して尋ねると、「働き者であり、真面目な選手が多い。でも、メジャーではまだまだドミニカの選手数のほうが多いからね」と歯に衣着せぬ回答だった。

メジャー1年目のスプリングキャンプで、田中は5試合に登板（3度の先発）して21回を投げ、被安打15、3四球で自責点は5、防御率は2・14で、投球回数を上回る26奪三振と評判どおりの結果を残した。一方2年目の春は、14回2／3に登板して、13本のヒットを許し、奪った三振は13個で、防御率は3・07だった。

単純に比較はできないが、NYメディアはヤンキース浮上のカギは田中の右腕次第と論じる傾向にある。『NYデイリーニューズ』紙によれば、田中は、「マルティネス氏のような偉大な選手に話題にしてもらって光栄だ。少し驚いたが、誰でもそれぞれの意見を持っていることは承知している。自分のことは自分がよくわかっているし、調子はいい」と、大人の対応に終始した。

首脳陣が登板回数と球数に細心の注意を払っていることは百も承知だが、田中の腕の振りの鋭さや変化球のキレに関して、15年から「MLBネットワーク」の解説者になったマルティネス氏の指摘を見逃すわけにはいかないだろう。

さらに、全国紙『USA TODAY』は「夏までに潰れるのは誰か？」という特集記事で第3位に田中を選出。「ヤンキースのエース、田中はすべての人を幻惑しながらも、オールスターに先発するが、最後には彼の肘は力尽きて、トミー・ジョン手術を受けることを強いられる」。日本のファンなら黙ってはいられないような予想になっていた。

15年の開幕戦を前にした会見で、田中は「オープン戦ではフォーシームよりもツーシームを使っているから、昨季よりも球速が落ちている。今季は、ある投球スタイルを確立しようとしているから、球速に関しては聞かないでください」と、メディアにクギを刺すようなコメントもあった。

田中について回るすべての不安は、マウンドで払拭《ふっしょく》するしかないことだけは確かなようだ。

B Grade

2015年、マー君の通信簿

ニューヨーク・ヤンキースのポストシーズンは、ワイルドカードゲームでヒューストン・アストロズに敗退して、幕を閉じた。大一番に先発の大役を任された田中将大は2発のホームランを浴びて降板し、チームをディビジョン・シリーズに導けなかった。シーズン中から〝一発病〟は再三にわたり、指摘されてきた。2015年シーズンは25本の本塁打を献上し、14年の15本から大幅に増加させた。「シーズン中から課題としていたホームランを打たれてしまった。こういう試合にしてしまったのは僕の責任」。田中はこう敗戦の弁を述べた。

メジャー2位となる256億円のチーム総年俸をかけたヤンキースは、下から2番目の29位となる82億円のアストロズの前に屈する結果となった。スポーツ専門ケーブルテレビ「ESPN」は、チームの通知表を発表。オーナーのハル・スタインブレナーは「A」、ブライアン・キャッシュマンGMは「B」、ジョー・ジラルディ監督は「B」という首脳陣の評価の中、田中には、「B」という評価が下された。ちなみに、通知表をもらった28人の内訳は、「A」が5人、「B」が14人、「C」が4人、「D」が5人という結果になった。

田中は24試合に登板して、12勝7敗、154回を投げて、139個の三振を奪い、防御率3・51という成績に終わった。12勝は、マイケル・ピネダと共にチーム2位タイ。防御率3・51は、先発ではアダム・ピンダーに次いで2位という内容だった。

4月には右上腕部、9月には右太もも裏痛で離脱したことは残念だったが、「30登板と投球回数200回」というメジャーの一流の先発条件をクリアできず、なおかつポストシーズンでエースにふさわしい働きができなかった。開幕投手、そして一発勝負の最終戦でも敗戦投手となった田中を振り返ると、いま一つ物足りなさを感じるファンも少なくないはずだ。

気になる「ESPN」の寸評は、このようなものだった。「昨年7月に肘をケガしたような投手ではなかったし、まだかなりいいピッチャーといえる。ただし、そのケガは彼の問題であり続けるし、肘の耐久性には疑問符がつく」。先発投手としては一定の評価は受けたものの、今後も右肘の懸念は、やはりつきまとうものだろう。

14年シーズン、田中の登板間隔はメジャーの先発投手の基準である中4日の登板よりも、中5日以上が大半だった。これは、球団首脳陣ができるだけ肘に負担をかけない間隔を優先させた結果だった。「1年を通して肘について問題は見られなかった。今後、話し合いを持つが、成績を見れば、中4日でも、中5日でも大きな違いはなかった。16年も先発ローテーションの中心と考えている」。現場を預かるジョー・ジラルディ監督は、来季に大きな期待を寄せている。

最後に。私の田中に対する通信簿も「B」である。ケガもあった一方で、先発陣の中では安定感もあった。ただメジャー全体という視点で考えると、また、2200万ドルという高額年俸の価値を考えれば、彼に要求されている結果は「A」でなければならないだろう。16年は7年契約の3年目。「絶対的なエース」と呼ばれるために、圧倒的な数字を残す必要がある。

和田と藤川、そして松坂。ケガとの闘いを支えた同期の桜

「今日あのマウンドを迎えたとき、一つ言えるのは（復帰までの道のりは）思ったほど大変ではなかったと。人生にはもっと大変なことがある」

これは、1年2カ月のリハビリからメジャーのマウンドに戻ってきた藤川球児《ふじかわきゅうじ》の言葉である。

2013年6月トミー・ジョン手術を受けた藤川は、トリプルAのアイオワやシングルAのケインカウンティでリハビリ登板を経て、最速は87マイル（約140キロ）まで回復しての昇格だった。カブスは藤川と2年間のクローザー契約を結んだが、14年が契約最終年。来季契約のオプションを持っているのは球団であり、藤川は残された2カ月で、フロント陣にインパクトを与えなければならなかった。適した調整法を探しながら、セットアッパーで結果を積み重ねていくしかなかった。

藤川と同じカブスには、渡米3年目でメジャー初勝利を上げた和田毅《わだたけし》もいる。「日本で9年、マイナーで3年、カブスの和田が遂《つい》にメジャー初勝利を上げた」。AP通信はこんな始まりで伝えた。

オリオールズと2年総額815万ドル（約6億4000万円）で契約しながら、キャンプ中に左肘を故障。12年5月に、こちらもトミー・ジョン手術を受けた。その後、カブスとマイナー契約したのは13年12月19日だった。14年はトリプルAで18試合に先発し、10勝6敗で防御率2・77という結果を残してメジャー昇格。和田は、「ようやく0が1になった。これがスタート」と初勝利のウイニングボールを家族に渡した。

藤川と和田にとって、心強い存在だったのはメッツの松坂大輔だった。3人は〝同期の桜〟である。しかも和田を執刀したのは、松坂の担当医だったヨーカム医師だった。松坂は、左肘手術が決まった和田に連絡をとり、励ましたという。

甲子園を湧かせたヒーローたちが、戦いの舞台をメジャーに求め、ケガという試練に立ち向かった。投手にとって、肘にメスを入れるというのは相当の覚悟がいる。トミー・ジョン手術がポピュラーになったとはいえ、精神的な負担は想像を絶する。メジャーのマウンドに戻ってくるまでは暗闇の中、手探りで一筋の光を放つ出口を探すようなものだったろう。

家族の支えはもちろんだが、彼らには肘の手術に挑んだ同志がいた。わかり合い、支え合える友人がいた。長く単調なリハビリの日々にとって、どれほど心強い存在だったか。

和田はメジャー復帰登板前、自らのブログでこんなふうに心境を吐露している。

「自分にメジャーで投げるチャンスをくれたオリオールズ、そして自分にもう一度メジャーで投げるチャンスをくれたカブス、そしてこんな自分をまだ応援してくれるファンの皆さんのためにも、一生懸命投げたいと思います」

手術を乗り越えた藤川と和田のいるカブスは、14年8月15日から松坂のいるメッツとの4連戦があった。幾多の困難に直面してもなお、メジャーのマウンドで夢を追いかける彼らの姿は多くの同世代を勇気づけたはずだ。

16年春。松坂と和田はソフトバンクで、藤川は阪神で。〝同期の桜〟が、満開の花を咲かせる日を楽しみにしたい。

May 2, 1995

野茂英雄、メジャー記念日

1995年5月2日。野茂英雄氏のメジャー・デビューから20年以上の歳月が流れた。

歴史に残る暗黒時代と揶揄《やゆ》される前年のストライキの影響で、そのシーズンは約1カ月遅れで始まった。全米中が必ずしも野球を歓迎していないような曇天の下、野茂のメジャー第一歩は爽やかな風のようにメジャーに吹き込んだ。

あの日、ロサンゼルス・ドジャースは敵地に乗り込んでの宿敵ジャイアンツとの一戦だった。背番号「16」をつけた野茂は、キャンドルスティック・パークのマウンドに立った。「Who is he?（あの男は誰なんだ?）」。そんな空気がスタジアムを支配していた。

野茂の女房役だったマイク・ピアザは、「ヒデオは芯の強い男。その覚悟を感じた」と、あの日のできごとを回想した。それでも当時、日本野球のレベルはマイナーの2Aから3

Aレベルと見られていた。極東の島国からきた一人の男が、メジャーで通用すると考えた者はそう多くはなかった。

取り巻くメディアも、懐疑的な論調が多かった。地元紙『ロサンゼルス・タイムス』のコラムニストは、「タンスの上にあるモノをつま先立ちでとろうとするようなフォーム」と野茂の投球フォームを表現した。実績もなく、結果も残していなければ、開幕時点で楽観的な記事は書きにくかった。

当時、ドジャースは新人の発掘に長けていた。その証拠に、92年から96年にかけて5年連続で新人王を輩出。エリック・キャロスから始まり、マイク・ピアザ、ラウル・モンデシー、野茂、トッド・ホランズワースは主力メンバーとして屋台骨を支えた。傘下のマイナーからの生え抜き組に加えて、野茂の獲得でアジア戦略重視の姿勢を明確にした。ドミニカ出身のモンデシーは、「ロサンゼルスの街を見れば、多様な文化が混在していることが明らか。そして、野球の上手下手に国籍は関係ないだろう」と、多国籍球団の背景を分析してみせた。

この日、野茂は5回を投げ、1安打無失点というゲームをつくり、スコアブックに7つの「K」を残した。上々のデビュー戦だった。一介の新人選手であれば、このような回想だけでいいかもしれないが、彼の場合は十分ではない。

たしかに、野茂氏一人の視点で見れば、村上雅則氏以来、30年ぶりの日本人メジャーリーガーの誕生となる「メジャー・デビュー」だったが、日本人メジャーリーガーの歴史という大きなくくりで見れば、この日こそが、すべての「始まり」だった。

この20年間で、メジャーリーグにおける日本人選手のポジションは大きく変化した。大金で迎え入れられ、チームの命運を握るような役割と責任を任されるような存在になった。そんないまだからこそ、野茂氏を自分の息子のように可愛がったトミー・ラソーダ元監督の言葉が、いまもなお重く胸に響く。

「野茂はメジャーへの新たな道を切り拓《ひら》いた。日本のジャッキー・ロビンソンともいえる存在で、米国の野球殿堂入りにも値するプレーヤーだと思っている」

All-star Game

いまも色あせない野茂英雄の快挙

毎年、オールスターゲームの時期になると、私の脳裏には一枚のレリーフが浮かび上がる。それは1995年のオールスターの先発メンバーが記されたもので、テキサス・レンジャーズの本拠地に飾られている。ナショナル・リーグの先発投手の欄には、「Hideo Nomo」の刻印。この年、野茂英雄氏は栄えあるオールスターの先発を務め、メジャーの歴史に名を刻んだのだ。

もうずいぶん昔のことのようだが、日本中が野茂の一挙手一投足に注目した。当時の近鉄を退団し、日本を飛び出した野茂はロサンゼルス・ドジャースと200万ドル（約980万円）でマイナー契約。そこからメジャーという「頂」を目指す、文字どおりの〝挑戦〟だった。

その前年、メジャーは労使関係が悪化し、ストライキに突入。ワールドシリーズが戦後初めて中止になるなど、「暗黒の時代」だった。野茂は、そんなよどんだ空気を一掃するほど、強烈な光を放った。まだ日本人の実力がメジャーで認知されていなかったころ、体を大きくひねる個性的な投球フォームは「トルネード（竜巻）投法」と呼ばれ、そこから繰り出されるフォークボールで、屈強なメジャーリーガーから次々と三振を奪うシーンは爽快《そうかい》だった。

野茂の登板日には、日本中にある街頭の大型ビジョンや家電量販店のテレビは、野茂で占拠された。右腕一本で世界に挑んでいく男の姿を見る痛快さは、登板のたびに度を増した。「どこまでできるのか」「何を成し遂げるのか」。その期待感は日本国内だけではなく、全米中に伝染していった。セレブの好きな『ピープル・マガジン』誌が野茂の活躍を取り上げ、スポーツ専門ケーブルテレビ「ＥＳＰＮ」も野茂特集を組んだ。ドジャースの観客動員数は伸び、視聴率も改善。ドジャースタジアムには、すし屋や牛丼チェーン店ができたほどだ。

場内のショップで２００ドル以上も費やす日本人ファンの熱狂ぶりは地元紙にも取り上げられ、「野茂マニア」なる新語も生まれた。決して大げさにいっているわけではない。ストライキの後遺症から立ち直れないメジャー全体にとって、突然現れたニューヒーローは、まさに球界の〝救世主〟となった。

いまでは日本人選手がメジャーでプレーするのは当たり前となっているが、この状況は野茂氏の活躍なくしてはあり得なかった。松井秀喜氏は、「野茂さんがいなければ、ほとんどの選手は、アメリカに行けなかった」と断言した。野茂氏は後に続く者たちにとって、リスペクトされるべき大きな〝道標〟となっている。

1球団につき先発ローテーションが5人いれば、30球団あれば単純計算でも150人の先発投手がいる。そのうちオールスターで先発できるのは両軍で2人だけだ。運と実力を兼ね備え、そのシーズンの顔でなければ、キラ星のごとく輝くスターの中で、オールスター先発の座を射止められない。それほど選ばれし者のポジションといえる。野茂氏の先発は、「トルネード旋風」の象徴だった。

スポーツの世界にタラレバは禁物だが、田中将大がケガをせず、後半戦のローテーションにも影響がなければ、2014年のオールスターで、アメリカン・リーグ先発の可能性は十分あった。

あの衝撃から21年。その栄誉を授かった日本人は、いまもなお野茂氏しかいない。

July 28,1875

291回目の偉業を達成した岩隈久志

その瞬間、マウンドの岩隈久志《いわくまひさし》を中心に歓喜の輪ができた。

１１６球を投じた最後の打者をセンターフライに仕留め、セーフコフィールドに詰めかけた２万５６６１人の観衆は、球団史上５人目のノーヒット・ノーランの快挙の「目撃者」となった。マリナーズで最後に達成したのは、２０１２年８月15日のフェリックス・フェルナンデス以来。１９９０年にマークしたランディー・ジョンソンなど、球団史に名前を刻む快挙となった。

日本人投手としては、野茂英雄がロサンゼルス・ドジャース時代の96年９月のコロラド・ロッキーズ戦、そしてボストン・レッドソックス時代の01年４月ボルチモア・オリオールズ戦で２度達成しており、史上２人目となる偉業。ダッグアウトで見守ったロイド・マクレンドン監督は、「達成して嬉しかった。5回からトイレを我慢していたんだ」とジョークで笑わせた。15年シーズンは、サンフランシスコ・ジャイアンツのクリス・ヘストン、ワシントン・ナショナルズのマックス・シャーザー、テキサス・レンジャーズのコール・ハメルズに次いで4人目の達成だった。

スタンドでは家族や義理の両親が見守る中、スプリッターが冴えわたった。低めへの制球力が抜群で、116球のうち77球がストライク、3四球7奪三振の内容。「正直に言うと、達成できるとは思わなかった。本当に嬉しい」。メジャー通算87回の登板で、これまで一度も完封したことさえなかった岩隈は、ヒーローインタビューでも自分自身に驚いているようだった。

ノーヒット・ノーランの達成は、メジャーの歴史の中でもわずかに291回しかない。指名打者制のあるアメリカン・リーグでいえば、前述したチームメートであるヘルナンデス以来、3年あまり達成者がいなかった。

史上初めて「ノーヒット・ノーラン」をマークしたのは1875年7月28日、140年前のことだった。フィラデルフィア・ホワイトストッキングのジョー・ボーデンは、シカゴ・ホワイトストッキングスを相手に、アメリカのプロ野球史上初めてやってのけた。

ところが、ボーデンはそのシーズン2勝4敗の成績で解雇、翌年はボストン・レッドキャップスに移籍し、11勝12敗、防御率2・89という成績だったが、この年をもって22歳の若さで野球界を去った。その後も野球関係の仕事を転々としたと伝えられているが、歴史に残る偉業を達成した投手がわずか2シーズンでマウンドを去るとは、あまりにも信じがたいことだ。

ボーデンから始まった大記録に名を連ねた岩隈は、右肩裏の筋肉の張りで10週間もゲームから遠ざかったが、7月6日の復帰後はゲームをつくってきた。直近7試合は、4勝1敗で防御率2・87と抜群の安定感だった。マリナーズとの総額2000万ドルの3年契約が切れる岩隈は、これまでの安定感に加えて、ノーヒット・ノーランが契約の追い風になると見られていた。

15年、フリーエージェントとなった岩隈は、ロサンゼルス・ドジャースと3年契約総額4500万ドル(約54億5500万円)で合意したと伝えられた。しかし、公式サイトが、「フィジカルチェックの結果、健康上の理由があった」と伝えるように、土壇場で契約合意は破談となったが、そのわずか13時間後の15年12月18日に、マリナーズと1年1200万ドル(約14億5000万円)で再契約。ケガをせずにシーズンを乗り切って、自身初のプレイオフを目指した快投に期待したい。

Where does Ichiro go?

イチローの背中に刻まれた〝皺〟

2014年オフ。イチローが、MLB傘下にあるMLBネットワークの「Studio 42 with Bob Costas」に出演。アメリカのスポーツ・アンカーのカリスマ、ボブ・コスタス氏の独占インタビューを受けた。現地では、「イチローがインタビュー番組に出演するのは非常にめずらしい」と紹介されるように話題になった。

コスタス氏の質問は、常に直球勝負だ。

「14年10月に41歳になったが、あとどれくらいプレーできるか」

「あなたのキャリアで、まだワールドシリーズでプレーしたことはないが、世界一を狙えるチームでプレーしたいか」

興味深い内容ばかりだが、番組でも注目は「来季の去就」についてだ。コスタス氏が、「来季もプレーしたいか、またヤンキースでやりたいか」と突っ込む。これにイチローは、「うーん」と一呼吸を置いてから、「プレーします。来季もどこかでプレーすることだけははっきり言える。それは断言できる。どの球団ということは、野球は個人スポーツでないのでわからない。誰かがプレーする機会を与えたいと思ってくれなければならないが、どんなことをしてでもプレーする」とキッパリ。

さらに、記録に対する向き合い方にも切り込む。

「ピート・ローズの歴代最多４２５６安打に、日米通算で残り１３４本、メジャー通算３０００安打に残り１５６本と迫っているが、これがプレーするモチベーションなのか」

コスタス氏がこう聞けば、イチローは、「もちろんそうです。２つの記録は目の前にあるわかりやすい目標ではある。だが、それがプレーし続けたい理由ではない。私はまだプレーできると思っているので、ただ野球を続けたい」と、あくなき情熱を見せた。

ヤンキースに移籍してからのイチローは、「a fourth outfielder（４番目の外野手）」としての役割だった。イチロー本人も、それは本望ではなかったはずだ。しかし、マリナーズ時代のようなレギュラー扱いではないことを受け入れなければ、移籍先のヤンキースで世界一を目指すことができなかった。

それでも、どんな起用法であろうと、彼の野球に対する真摯《しんし》な姿勢は変わることがなかった。誰よりも早くフィールドに姿を現して、入念なウオーミングアップ。クラブハウスのマッサージからゲーム前の打撃・守備練習。当たり前のことを、決して当たり前で終わらせない自分に対する厳しさ。それが、「イチローがイチローたるゆえん」なのだ。

あの当時は、オリックスの金子千尋《かねこちひろ》や糸井嘉男《いといよしお》、広島の前田健太、阪神の鳥谷敬《とりたにたかし》などのメジャー移籍が注目されていたが、私の中では、イチローの去就こそ、一番の注目だった。NYの地元紙は、「イチローのヤンキース残留はほぼゼロ」という論調だった。私もそう思った。さらに、FA市場を考えても、年俸150万から200万ドル規模の契約を勝ち取れればいいという状況に変わりはなく、15年は大幅な減俸でプレーすることが予想された。


アメリカでは、野球中継や新聞・雑誌でよく背中のバックショットを使う。イチローの、そのバックショットを見るとき、これまでで一番美しいと思う。彼はいまのメジャーの中で、背中で語れる数少ない選手だからだ。

顔に刻まれた皺《しわ》の数が味わいのある名優の価値を表すように、イチローの背中にはメジャーで戦ってきた〝14年の皺〟が刻まれているような気がするからだ。

41歳になっても、高いプロ意識を持ち続け、常に高みを目指すその背中。その背中にもっと多くの皺を刻んでほしい。

a fourth outfielder

今年も、そして来年もイチローが見たい

2014年のオフから去就が注目されていたイチローの行き先が決まった。ナショナル・リーグ東地区に所属するマイアミ・マーリンズだ。01年からプレーしたシアトル・マリナーズ、12年途中から移籍したニューヨーク・ヤンキースに次いで3球団目となるマーリンズは、イチローにとって初めてのナショナル・リーグとなる。

NFL（ナショナル・プロフットボール・リーグ）のマイアミ・ドルフィンズのオーナーを務めるウェイン・ハイゼンガーが球団を誘致し、1993年のメジャーの球団拡張策により誕生した。当初は「フロリダ・マーリンズ」と呼ばれ、まだ専用球場がなく、本拠地もドルフィンズのスタジアムを間借りしていた。

20年余りの歴史の中で、97年と03年にワールドシリーズを制覇。いずれもワイルドカードから進出して世界一を獲得した爆発力が魅力だった。ただ結果を残した後に、高額年俸

の主力選手を放出する「ファイヤーセール（一斉放出）」がお家芸で、97年の世界一の翌年は54勝108敗で最下位に転落したこともあった。現オーナーのジェフ・ローリアも事あるごとに物議を醸す男として有名だ。

12年にマーリンズパークが開場したのを機に、「マイアミ・マーリンズ」に改称。14年は62勝100敗という成績で東地区最下位に沈み、15年シーズンに再浮上をかけていた。オフには、本塁打王に輝いたジャンカルロ・スタントンと、北米プロスポーツ史上最高額となる13年総額3億2500万ドル（約390億円）で再契約。フランチャイズプレーヤーを誕生させ、ファンに本気度をアピールして見せた。

14年のチーム平均年齢は27・3歳と若いが、そのスタントンがライトに、センターのマルセル・オズナは14年に23本塁打、85打点に加えて堅守、レフトのクリスチャン・イエリチは14年に21盗塁でゴールドグラブ賞を獲得するなど、外野はメジャー最強布陣の呼び声が高い。レギュラーが確定している中、41歳になったイチローに与えられた役割は「第4の外野手」。代打、守備要員、代走、そしてレギュラー陣が休養をとったときの代役で、存在感をアピールするしかない。

外野のフィールドが広く、投手有利なボールパークで、外野の全ポジションを守れるイチローは起用法に多くの選択肢を与える。14年は、代打で15度起用され13打数6安打の打率4割6分2厘、2打点、2四球と好成績を残した点も評価されたに違いない。

アメリカのメディアも報じているように、メジャー通算3000安打まで156本、ピート・ローズの持つ歴代最多の通算4256安打に、日米通算であと134本と迫っている。イチローは決して記録のためにプレーしているわけではないだろうが、自らの野球人生の足跡を知るうえで大切にしているはずだ。

ただこれまで所属していたアメリカン・リーグのような指名打者制がないため、出場機会は確実に減る。しかも、ナショナル・リーグ初体験となるため、データ的には有利とはいえない向かい風も吹くはずだ。

それでも、である。1年でも長くイチローが見たい。そう思わずにはいられない。

彼が残した言葉に、心惹《ひ》かれるものがある。

「4000本のヒットを打つために、8000回以上の悔しい思いをしてきている。その中で、常に自分なりに向き合ってきたという事実はある。誇れるとしたらそこではないかと思う」

アメリカではすでに「野球殿堂入り確実」と形容されるイチロー。歓声と拍手に彩られた大記録の陰で、失敗に向き合い続けてきた男が、最後の輝きを求めて走り出している。

Fire sale

イチローを獲得したマーリンズの本気度

「『おおっ』って思いました。これは文字では表現できないでしょうね。一番遠い場所で情報も最も少ないチームの1つでした」

これはイチローがマイアミ・マーリンズからオファーをもらった瞬間のリアクションだ。

マーリンズは1993年に創設された歴史の浅い球団。球団拡張策のため、コロラド・ロッキーズとともに仲間入り。ナショナル・リーグの東地区に所属しているこのチームはこれまで幾つかのミラクルを起こしてきた。

最初のサプライズは、球団創設5年目の97年。名将、ジム・リーランド監督の下、モイゼス・アルー、ボビー・ボニーヤ、ゲリー・シェフィールド、エドガー・レンテリアなどの攻撃陣、そして、ケビン・ブラウン、アル・ライター、アレックス・フェルナンデス、ロブ・ネンの投手陣が相乗効果を発揮。92勝70敗の地区2位でワイルドカードからポストシーズンに進出。ディビジョン・シリーズで西地区優勝のサンフランシスコ・ジャイアンツを撃破した勢いのまま、今度は、リーグ優勝決定シリーズで東地区優勝のアトランタ・ブレーブスを、下馬評を覆す4勝2敗で退けて初のワールドシリーズに駒を進めた。

頂点を極める戦いの相手は、クリーブランド・インディアンス。クリーブランドでは雪が舞い、マイアミでは半袖姿という〝寒暖の差〟シリーズは第7戦までもつれ込む激闘となった。最後の最後はレンテリアがサヨナラヒットを放ち、ワイルドカードから世界一に輝いた劇的な幕切れだった。もちろん球団創設5年目での世界一は、当時の史上最速の快挙。また、第6戦は6万7498人を集めて、54年以来となるワールドシリーズ史上最大の動員を記録。マーリンズは、ポストシーズンで初めて50万人を超える集客を果たした球団となった。

2度目のサプライズは、03年にやってきた。ジェフ・トーバーグ監督は、16勝21敗と開幕ダッシュに失敗して5月11日解任。後を引き継いだのは73歳のジャック・マッキオン監督だった。孫のような選手を操った同監督は、就任後75勝49敗という破竹の快進撃を見せ、地区2位のワイルドカードでポストシーズンへ進出。ジャイアンツとシカゴ・カブスという本命チームをまたまた破って、2度目のワールドシリーズに進んだ。このときの相手はニューヨーク・ヤンキース。「絶対王者VS新興勢力」という見出しが躍るシリーズは、予想を覆す展開となった。当時、メジャー1年目でこの大一番の舞台に立った松井秀喜氏は、「マーリンズの投手陣がよかった。ヤンキースらしい攻撃ができなかったのが敗因。頂点まで行くのは難しい。30球団あってそのうちの1球団しか（世界一には）なれないわけですから」と話した。

マーリンズは、シーズン101勝を挙げた大本命のヤンキースを4勝2敗で撃破。1997年以来、6年ぶり2度目のワールドチャンピオンに輝いた。「最初のスピーチで、『ゲームを楽しもう。プレッシャーなんてない。勝利を期待されていないんだから』と話したんだよ」

老練な人心掌握術を見せたマッキオンは、11年6月には80歳の高齢で6年ぶりに監督代行で復帰し、コニー・マックの88歳に次ぐ史上2番目の最高齢監督にもなった。

2度の世界一を達成したが、地区優勝、リーグ優勝は一度もなく、いずれもワイルドカードからの制覇だった。ふつうならそこから黄金時代を築いてもいいはずだが、マーリンズは一筋縄ではいかなかった。97年、03年と、いずれも栄光の直後に主力選手を「ファイヤーセール（一斉放出）」し、年俸削減を優先させ、リーグからの収入分配金で経営を潤す手法で、ファンの怒りを買ってきた。

14年オフ、いわくつきのオーナー、ジェフリー・ロリアが積極姿勢に打って出た。14年の本塁打王のジャンカルロ・スタントンと、メジャー史上最高額13年3億2500万ドル（約390億円）で契約。念願のフランチャイズプレーヤーを誕生させ、14年両リーグで最下位の4970万ドル（約60億円）だった総年俸を一気に跳ね上げた。メジャー屈指の大補強を敢行し、やる気を見せているが、過去の経験上どこまで本気か、いぶかしがるファンも少なくないはずだ。

15年1月29日。それでも、マーリンズの球団幹部たちは、イチローのために、飛行機で18時間かけて東京にやってきた。獲得のための情熱をしっかりアピールする一方で、今後マーリンズのロゴを日本市場に広めたい思惑を感じさせた。

マーリンズの本気度は〝MAX〟だろう。いずれにしても、平均年齢が27・3歳と若いマーリンズにイチローが加入し、大きな化学反応が起こっている。

Miami Marlins icon

イチローが愛される理由

イチローが、マイアミ・マーリンズのファンから愛されている。

本拠地で販売される選手Tシャツの売り上げはナンバー1だし、送られる拍手は誰よりも大きい。

マイアミの地元紙は、マーリンズがイチローと契約してから、多くの紙面スペースを彼のために割いてきた。たとえば、『マイアミ・ヘラルド』紙は、「マーリンズの遠征を取材する報道陣はアメリカ人メディアより日本人のほうが多いし、オープン戦でマーリンズが傘下のマイナー球団と試合をしたとき、地元紙は誰もその試合を取材しなかったが、日本の新聞社はそこにさえも記者を送り込んだ」と、伝えた。

象徴的なシーンがあった。

2015年4月29日に行われた本拠地でのメッツ戦。8回1死一、三塁でイチローが打席に向かうと、「イチロ！ イチロ！ イチロ！」の大合唱が沸き起こった。左腕アレックス・トーレスの内角高め150キロのフォーシームを捉えた打球は、ライトフェンスを越える移籍第1号になった。

いつもどおり、淡々とダイヤモンドを回るイチローに、声援は鳴りやまなかった。いつしか声援はカーテンコールに変わり、ダグアウトを飛び出してきたイチローは笑顔でその歓声に応えていた。「チームメートもファンも、あんなに喜んでくれたから泣きそうだった」と、地元紙に明かした。

なぜ、移籍1年目の男がこれほどまで愛される存在になったのか。

一つは、年齢を超越したミステリアスな部分があること。41歳のイチローのパフォーマンスは驚異的だ。テレビ中継局の実況アナウンサーも、しきりに「41歳」という年齢を強調するが、プレーを見れば、その年齢をまったく感じさせない。同じユニホームを着る20代の若手と比べても、遜色ない走・攻・守は、マーリンズ・ファンをうならせるには十分過ぎた。若手有望株の選手を見るのも楽しいが、「これぞ、プロ！」と呼べるようなプレーを見せつけられれば、応援しないわけにはいかないのだろう。

二つ目は、イチローが将来殿堂入り確実な選手であること。平均年齢の若さがメジャーでも屈指のマーリンズにとっては、「生ける伝説の存在」は生きた教科書以外の何ものでもない。長年にわたり、メジャーでプレーし続けるにはそれだけの結果が求められる。だからこそ、ファンはイチローのプレーに陶酔するのだろう。

15年、イチローより、年齢が上の野手はメジャーにはいなかった。野球ファンであれば、イチローが選手生命の晩年を迎えていることは百も承知だろう。しかし、それでも、「俺はまだできる」という姿をフィールドで見せ続けてくれる。そこにファンは深い敬意を表しているように思えるのだ。それが、イチローが愛される理由なのである。

Marlins re-sign Ichiro

イチロー、相思相愛で3000本安打に挑戦

イチローがマイアミ・マーリンズと来季の契約を結んだ。2015年シーズン終了後、わずか2日のスピード再契約だった。

10月22日で42歳を迎え、メジャー最年長のイチローに対して、マーリンズは年俸200万ドル（約2億4000万円）に加えて、17年のオプションまで含む契約だった。「イチローは最初の投票で野球殿堂入りする選手で、来季も投手として起用する可能性がある事実を忘れては困る」。デービッド・サムソン球団社長は、ユーモア溢れる言葉で再契約を喜んだ。

15年、残した打率2割2分9厘、打点21、11盗塁はメジャー15年間で最低の数字だった。安打数も91安打とメジャーで初めて100安打を切った。数字的に見れば、「衰え」という見方もできるだろうが、マーリンズの判断基準は数字では表せない「Legacy（遺産）」

ともいうべきものだった。

平均年齢27・3歳の若いチームは、主砲ジャンカルロ・スタントンの左手首骨折をはじめ、ケガ人が続出し、「第4の外野手」という立場で加入したイチローの立場は激変。チーム最多となる153試合に出場し、89試合に先発、45試合に代打で打席に立つほど、最年長のイチローにかかる期待は増した。単年契約だった15年シーズン、球団首脳はフィールド、そしてクラブハウスなどのイチローの振る舞いや言動などを目の当たりにして、その存在感の大きさを実感したことで再契約を提示したはずだ。

イチローが再契約で提示された200万ドルは、ヤンキースの平均年俸736万ドルと比べれば低い年俸だが、マーリンズではトップ5に入る年俸。マーリンズの評価は数字的に見ても高いといえる。

アメリカでのイチローの再契約報道を見ると、「将来の殿堂入り選手」であるイチローが、メジャー通算3000本安打まであと「65本」、日米通算でピート・ローズが持つ最多記録の4256安打まであと「43本」という内容が大半だった。前述したサムソン球団社長は「彼は3000本安打のためにプレーをしていない。野球への愛情で現役を続けている」と、再契約の目的が記録達成のためでないことを強調していた。ただ、マーリンズも、イチローの日本におけるカリスマ性を通じて、マーリンズのPR効果と市場開拓を同時に狙っていることは間違いなく、マーリンズのユニホームで数々の金字塔を打ち立てて、引退するという最高のシナリオを描いているはずだ。

イチローの再契約の一報を聞いて、43歳までプレーした〝世界の盗塁王〟リッキー・ヘンダーソンを思い出した。メジャー25年間で3081試合に出場し、1406盗塁と2295得点のメジャー記録保持者は、03年にドジャースで引退した。だが、翌年独立リーグのニューアーク・ベアーズでメジャー復帰を目指したことがあった。「なぜ、記録も名声も手にしてもなおプレーし続けるのか」という質問に、彼はこう答えた。
「野球が好きなんだ。プレーする情熱がある限り、ユニホームを着たいと思う」

シーズン最終戦のフィリーズ戦。イチローは、メジャー人生初となるマウンドに上がった。与えられたチャンスに野球少年のような瞳でボールを投じるイチローにも、その情熱の火がまだまだ灯《とも》っているように思えた。

背中でチームメートに語りかけるイチローの遺産、そして、13年ぶりの世界一に必要不可欠な選手と評価するマーリンズ。「相思相愛」の関係が、スピード再契約の背景にあったことだけは間違いないだろう。

ドジャースタジアムで行われた入団会見で、
デーブ・ロバーツ監督（写真左）、敏腕で知られる
アンドリュー・フリードマンGMとともに、
記念撮影に収まる前田健太。

第2章

メジャー・ビジネス
――ヤンキースの値段

Trade Deadline

イチローが迎えた野球人生の正念場

シーズン中に最もGM（ゼネラル・マネジャー）の手腕が試されるのが、トレード期限である7月31日（アメリカ東部時間16時締め切り）。日本ではトレード期限がまったく重要視されないが、メジャーでは40人枠のロースター選手（メジャーリーグの支配下選手）をウエーバー公示（保有権放棄）なしでトレードできる大事な期限だ。プレイオフに向けた熾烈《しれつ》な争いの2カ月が始まるのに向けて、この一手が、ペナントレースを左右すると言っても過言ではない。

ちなみに、8月以降のレギュラーシーズン期間もトレードは可能だが、その際メジャー契約選手を放出する場合は事前にウエーバー公示を通過させる必要がある。また8月31日の時点で25人のロースターに入っていないと、プレイオフには出場できない。

2014年のトレード期限で、最大の勝ち組はオークランド・アスレチックスだった。

日本でもベストセラーになった『マネーボール』の主人公、ビリー・ビーンが25年ぶりの世界一奪還を目指し、アグレッシブな動きを見せた。7月上旬にはシカゴ・カブスからジェイソン・ハメル、ジェフ・サマージャを加入させたのに続き、さらにボストン・レッドソックスからエース左腕のジョン・レスターを獲得（4年総額3600万ドルの主砲ヨエニス・セスペデスを放出）。早くも、オッズメーカーがワールドシリーズ制覇の大本命に推した。

また、シーズン中から移籍のうわさが絶えなかったタンパベイ・レイズのデビット・プライスは、なんとデトロイト・タイガースが獲得。ジャスティン・バーランダーとマックス・シャーザーの両サイ・ヤング賞右腕とともに、12年サイ・ヤング賞左腕のプライスが加わり、他球団もうらやむ強力な先発陣が誕生した。そして、13年に世界一のレッドソックスは、首位に14・5ゲーム差の地区最下位。1週間でエースのレスターを含む7人を放出し、来季を見据えた動きを加速させた。

結局、日本人には何の動きもなかったが、ヤンキースが、イチローの今後の起用にも影響する動きを見せた。ライバルのレッドソックスと1997年以来17年ぶりのトレードを成立させ、内野手のスティーブン・ドルーを獲得。さらに、アリゾナ・ダイヤモンドバックスからマーティン・プラドと2人の内野手を追加した。プラドはどのポジションもこなせるユーティリティー・プレーヤーだが、ブライアン・キャッシュマンGMが、「多くの選択肢を与えたかった」と振り返るように、イチローの定位置であるライトでの先発起用になる方針だった。ライトの守備位置は06年のデビュー以降2イニングしか守っていなかっただけに、控えに回ることになるイチローにとっては、じくじたる思いはあっただろう。

控えの外野手としてスタートしたイチローだったが、4月の月間打率3割5分7厘、5月は2割8分6厘という数字を残し、故障したカルロス・ベルトランの穴を埋めて、6月からレギュラーに定着。ジョー・ジラルディ監督からの信頼も厚かったが、後半戦に入ってからは打率1割台と不振に陥っていた。

40歳の大台に乗ったイチローのシーズンは、143試合に出場して打率2割8分4厘、22打点、1本塁打という成績に終わり、2年間の契約満了とともに、ピンストライプのユニホームに別れを告げた。

あの当時、イチローは間違いなく、野球人生の正念場を迎えていた。

Next Tanaka

メジャーの甲子園詣で

あの夏から甲子園のネット裏には、メジャーのスカウトが顔を出すようになった。

1998年、マウンドには〝平成の怪物〟とうたわれた横浜高校の松坂大輔が仁王立ちしていた。PL学園との延長17回、250球の完投勝利、京都成章高校との決勝戦でのノーヒット・ノーランはもはや伝説。高校生離れしたストレート、加えてカリスマ性を備えた松坂は、日本のスカウトと同じくらいメジャーのスカウトにも魅力的な選手に映った。

「メジャーの甲子園詣で」。いまや当たり前になった光景だが、松坂の出現以前は、アマチュア球界のスカウティング活動はまだまだ少数派だった。アマチュアプレーヤーよりも、プロ野球のFA（フリーエージェント）選手という即戦力を中心とした情報収集が主な活動だった。

その状況を変えた、大きな要因がある。

一つ目は2001年のイチローのメジャー移籍だ。彼が与えたインパクトは、メジャーのフィールドだけではなかった。プロ野球を夢見る子どもたちに、野手としての「メジャー」という扉を開けた。それ以降、松井秀喜やダルビッシュの活躍が続き、いまでは当たり前のように日本人選手がメジャーのひのき舞台で活躍するようになった。さらにWBC(ワールド・ベースボール・クラシック)の誕生により、日本代表入りという夢も加わった。

このアマチュアプレーヤーの意識の変化を、メジャー側が見逃すはずがなかった。メジャー側の活動は、即戦力選手の獲得に加えて、もっと長期的な視点に立ったスカウティング活動にシフトしていくようになった。それがアマチュア市場だった。

二つ目は1998年に生まれた「日米間選手契約に関する協定」、いわゆるポスティングシステムの導入だ。これはFA権を持たない選手でも所属球団の承認とメジャー球団の入札さえあれば、メジャーに移籍できる制度。イチローはオリックスから同制度の日本人適用第1号として、マリナーズが落札した選手だった。これまで、同制度で前田健太を含めて15人の選手がメジャー移籍するトレンドも生まれた。

スカウトたちはプロ入り前の早い段階から情報収集を開始し、ターゲットがプロに入れば球数を把握し、ケガの有無、性格からメジャー志向であるかどうか、球団のビジョンに合う選手かどうかまで見極めるようになった。

毎年夏がくると、地方予選から甲子園のネット裏まで、数多くのメジャーのスカウトが「次の田中将大」を見つけ出そうとスピードガンを向けている。さらにいえば、彼らのスカウト網は高校球界だけにとどまらない。リトルリーグから中学硬式や軟式まで範囲を広げ、時系列で選手の進化のプロセスをつぶさに追いかけている。

「メジャーの甲子園詣で」、恐るべし、である。

Dodgers VS Yankees

名門球団が決断したGM人事

2014年のシーズンは佳境を迎えていたが、すでに敗者たちは来季を見据えて、新たな態勢を整え始めていた。なかでも、チーム総年俸で第1位だったロサンゼルス・ドジャースと、その座を譲ったニューヨーク・ヤンキースがそれぞれ対照的な人事を行った。

まずはヤンキース。アメリカン・リーグ東地区優勝のボルチモア・オリオールズからは12ゲーム差の2位に終わった。これでヤンキース帝国は、2年連続でポストシーズン進出を逃した。これは実に20年ぶりの屈辱だった。

シーズン後、ヤンキースのハル・スタインブレナー共同オーナーは、スポーツ専門ケーブルテレビ「ESPN」のラジオ番組で、「お詫びしたい。今年やるべき仕事を果たせなかった。ファンの皆さんが期待していることはわかっているし、我々自身も期待していた」と謝罪。すぐさま、今季限りで契約満了だったブライアン・キャッシュマンGMと3

年間の契約延長を決めた。これでキャッシュマンGMは、25年間務め上げたエド・バロウ元GMに次ぐ、球団史上2番目の長期政権になった。

「誰に（ヤンキースの未来を）任せるのか」。この問いに対して、オーナーであるスタインブレナー一家は、ブライアン・キャッシュマン以外に、的確な答えを見つけ出すことはなかったのだろう。今後は、貧打に泣いた攻撃陣の打開策として、来季までの任期満了前に解任したケビン・ロング打撃コーチの後任人事が焦点になってくるはずだ。

一方、西の名門・ドジャース。ナショナル・リーグ西地区を制して進出したポストシーズンだったが、ディビジョン・シリーズでセントルイス・カージナルスに3勝1敗で早々と敗退。短期決戦で力を出せないチームに対して、ファンの失望は大きかった。

ネド・コレッティGMの後釜として、白羽の矢を立てられたのは意外な人物だった。その男の名は、アンドルー・フリードマン。大都市マーケットや名門球団では実績のない、37歳のウォール街出身のアナリストだった。フリードマンは06年にタンパベイ・デビルレイズの取締役副社長に就任し、08年のリーグ優勝を含む4度のポストシーズン進出と、2度の地区優勝という結果を残した。「ドジャースの一員になれて光栄だし、大きな仕事を任されたことは承知している」。彼に課せられた役割は、2億5600万ドルのチーム総年俸を抱える名門球団の再建だ。

フリードマンが挑むのは、1988年以来となるワールドシリーズ制覇。そのために、彼は自らの仕事に対する信条を「過程」「共同作業」「情報」という3つの言葉に集約した。

2つの名門球団がそれぞれの決断を下した。「ヤンキース対ドジャース」。近い将来、81年以来となるワールドシリーズでの対決というシナリオになれば、まさに〝黄金カード〟になるだろう。

TV Ratings

メジャーの視聴率低迷に打開策はあるのか

２０１４年のワールドシリーズは第７戦までもつれ込んで、手に汗握る展開となった。視聴率を調査するニールセン社によれば、平均でおよそ２３５０万世帯が、サンフランシスコ・ジャイアンツがカンザスシティー・ロイヤルズを破った第７戦を見たという。この数字は、第６戦までを１０００万世帯ほど上回る数字だったから、ニューヨークに本部があるＭＬＢ機構の幹部はホッと胸をなで下ろしたはずだ。

前季、ボストン・レッドソックスがセントルイス・カージナルスを第６戦で退けたゲームは１４９０万世帯だったから、それだけ今回、野球ファンが世界一の雌雄を決する第７戦には興味があったということになる。しかも、ワールドシリーズＭＶＰに輝いたマディソン・バムガーナーが最後の打者を打ち取った瞬間は、２７８０万世帯がチャンネルを合わせていた。

ただ、このシリーズは最初から盛り上がりを見せていたわけではない。29年ぶりの世界一を目指すロイヤルズの地元は、大フィーバーだった。第7戦の地元チャンネルの占有率は77％と驚異的な数字で、2月に開催されたソチ五輪以来の関心の高さだった。

しかし、カンザスシティーは小規模マーケット。市場規模では、ジャイアンツのあるサンフランシスコとは比べものにならない。当然、「全米」という視点で興味を引くには、シリーズ全体の内容が頼りだった。その証拠に、シリーズ平均は1380万世帯。これは、12年にジャイアンツがデトロイト・タイガースに4連勝して世界一になったシリーズに次ぐ低い数字だった。しかも、終盤の第6戦が1340万世帯と、今シリーズの平均をも下回った。MLB機構の関係者は、内心穏やかではなかったはずだ。それが、第7戦までもつれる展開になったことで、ようやく「全米」的な興味につながった。

だからといって、野球人気の低下は止まっていない。今世紀になって実施されたワールドシリーズ第7戦は、毎年のように3000万世帯以上が注目していたのだから、それを今回も超えられなかった厳しい現実があった。

過去を振り返れば、1991年、ミネソタ・ツインズがアトランタ・ブレーブスを撃破した第7戦は5030万世帯が目撃者となった事実がある。このときは、ワールドシリーズ史上初となる前年最下位チーム同士の対戦であり、シリーズ7戦中、サヨナラゲームが4試合とあまりにも劇的なシリーズだった。

MLB機構も黙っているわけではなかった。プロフットボールのNFLなど、ライバルのスポーツコンテンツは「時間制」であり、番組編成や広告収入でも非常に魅力的な存在となっている。そこで、長く議論されてきた「試合時間短縮」に着手し、アリゾナ秋季リーグで実験的適用を行った。たとえば、投手が投球動作に入るまでの時間は20秒に制限し、それを超えるとボールがコールされる。さらに、イニング間は2分5秒以内に開始され、監督や投手コーチがマウンドへ行くのは1試合3度に制限、敬遠を与える場合は球を投げないなどが決められた。この結果、実戦テストで試合時間は2時間14分となり、14年のメジャーの平均試合時間3時間8分から54分も短縮された。

視聴者から魅力あるコンテンツとして選ばれるために、やれることはすべてやる。この危機をどんな戦略で乗り越えるか、MLB機構の次の一手からも目が離せない。

$325 Million Man

納税額166億円。米スポーツ史上最高年俸選手

「Largest Contract in US Sports History（アメリカスポーツ史上最大の契約）」。

マイアミ・マーリンズのジャンカルロ・スタントンが、２０１３年、総額3億２５００万ドル（約３８４億円）で新たに契約を結んだ。一般庶民には天文学的な数字には変わりはないが、単純計算で１日あたり68万円、１試合あたり１５５０万円が13年間にわたって支払われるアメリカのスポーツ史上最高年俸だ。

14年に、37本塁打でナショナル・リーグ本塁打王に輝いたスタントンは打率2割８分８厘、１０５打点と活躍。とにかく、遠くまでボールを飛ばす破壊力は「すごい」のひと言。１５０メートル超えのホームランはいまや彼のトレードマークだ。

最高年俸選手の扉を開けた代表格は、ヤンキースのアレックス・ロドリゲスだ。07年に

10年総額2億7500万ドル（約280億円）で契約。このとき、代理人のスコット・ボラス氏は引退するまでロドリゲスがどんなインパクトをメジャーの歴史に刻むか、詳細なデータを積み上げげた。その際の契約書の一部は、野球殿堂入りしているほどだ。そのロドリゲスの記録をタイガースのミゲル・カブレラが14年3月に塗り替えた。従来の契約を8年延長し、10年総額2億9200万ドル（約297億円）で更新してみせたのだ。

しかし、スタントンはこの二人をあっさりと抜き去った。14年は1年契約の年俸650万ドルだったが、翌年から3年間が3000万ドルで、18年2500万ドル、19、20年各2600万ドル、21年、22年各2900万ドル、23年から25年各3200万ドル、26年2900万ドル、27年2500万ドル。28年はマーリンズに選択権のある2500万ドルで、破棄した場合1000万ドルがスタントンに支払われる。しかも、今回の契約には同球団初となるトレード拒否権が含まれ、6年後にスタントン側が契約を破棄できるオプトアウト条項も盛り込まれた厚遇だ。

手にする年俸が高額なら、支払う税金も桁違いだ。経済ニュースを中心とする「Bloomberg」の公式サイトはスタントンの納税額について、公認会計士のロバート・ライオラ氏による試算結果を伝えた。州をまたいで働く職業に課されるいわゆる「JOCK

（アスリート）税」に850万ドル（約10億円）、連邦税および賃金税で約1億3200万ドル（約156億円）という〝納税額166億円〟を納めることが見込まれている。

スタントンは、その当時25歳になったばかり。メジャー通算5年で打率2割7分1厘、154本塁打、399打点で、14年はMVP投票で2位に入り、まだまだ伸びしろが期待できる。その13年間の契約が満了する時点で、彼はまだ37歳。

「（この契約は）フランチャイズにとって意味がある。我々は今後13年間、フランチャイズの顔を持つことになった」。マーリンズのオーナーであるジェフリー・ロリアは、十分に投資資金を回収できると踏んだと同時に、スタントンに球団の未来をかけたといえる。

2014 Winter Meeting

メジャーの就職戦線異状アリ

「ウィンター・ミーティング」。

メジャーの関係者にとって、このワードはクリスマスよりも重要だ。そう、球団フロントやエージェント等が一堂に会し、FA契約やトレードなどを話し合うウィンター・ミーティングが2014年のオフに日程を終えた。

FA市場で「ビッグスリー」と呼ばれるのが、マックス・シャーザー（タイガース）、ジェームス・シールズ（ロイヤルズ）、ジョン・レスター（アスレチックス）の3投手だ。ウィンター・ミーティングの会場でも、水面下で情報戦が繰り広げられた。

近年、大物選手を巡る交渉の長期戦がトレンドだったが、〝メジャーの就職戦線異状アリ〟という空気が出始めている。その象徴として先陣を切ったのは、レスターだった。6年総額1億5500万ドル（約183億円）でシカゴ・カブスと契約。レッドソックス時代にレスターの才能を掘り起こしたカブスのセオ・エプスタイン社長とジェド・ホイヤーGMは、名門復活をかけるため念願のエースを獲得した。

そして、最大の目玉はマックス・シャーザー。13年は21勝を挙げ、自身初となるサイ・ヤング賞を獲得。14年はリーグトップタイの18勝を挙げ、さらに防御率3・15と奪三振252はチームトップで、タイガースの4年連続地区優勝に貢献。どの球団でも、ローテーションの柱となって活躍できるスーパーエースだ。

そんな男のバックには、メジャー最強の代理人スコット・ボラスがいる。ボラスは今季開幕直後に、タイガースから6年総額1億4400万ドル（約170億円）の契約延長を提示されたが首をタテに振らなかった。ボラスは、ドジャースのクレイトン・カーショーが結んだメジャー史上投手最高額となる7年総額2億1500万ドル（約254億円）クラスの条件を、シャーザーでまとめようとしていた。

ボラスの標的は、ずばりヤンキースと古巣のタイガースの2球団になる様相だ。元々は、メディアを巧みに利用し、長期戦もいとわず有利な条件を引き出すのがボラスの交渉術。レスターが契約を早々とまとめたことで、ボラスが狙う総額2億ドルの攻防が一気に加速するのか、興味深い。

近年、ウィンター・ミーティングでは各球団が互いの懐事情を探り合うだけで、大物の契約が年越しをすることが少なくなかった。チームの総年俸に大きな影響力を与える大物だけに、球団も慎重にならざるを得ないからだ。その一方で、阪神からFAとなった鳥谷敬など、2番手、3番手以降の選手は、なかなか球団が決まらずにヤキモキすることになった。

年が明けた15年1月21日。シャーザーはワシントン・ナショナルズと7年総額2億1000万ドル（約247億円）で契約。新背番号「31」をつけたシャーザーは、6月20日のピッツバーグ・パイレーツ戦でノーヒット・ノーランを達成すると、さらに10月3日のニューヨーク・メッツ戦で、10年のロイ・ハラデイ以来、史上6人目となる1シーズン2度目のノーヒット・ノーランをやってのける快挙だ。

結局33試合に登板し、リーグ最多タイとなる3完封勝利を含む4完投をマークして14勝を挙げ、通算100勝も達成。〝2億ドルプレーヤー〟に恥じない働きぶりで、ますます目が離せない投手の一人となった。

Wild Card Game

ファンを球場に呼び戻せ！

２０１４年のレギュラーシーズン。人気のバロメーターである観客動員数は昨季から０・４％減少し、７３７３万９６２２人だった。結果的には2年連続での減少だが、歴代7位となるファンを動員。この5年間では７３００万人から７５００万人の間で推移し、安定的な動員数を示しているともいえる。

両リーグ最多は2年連続でロサンゼルス・ドジャースが、３７８万２３３７人を集めた。また、ニューヨーク・ヤンキースは３４０万１６２４人でアメリカン・リーグ1位の座を12年連続でキープ。最後までシーズンを盛り上げたシアトル・マリナーズが最大の伸び率17％を達成し、約２０６万人のファンを集めた。

たくさんのファンを集める球団がある一方で、座席を埋められない球団もあった。なかでも、フィラデルフィア・フィリーズやテキサス・レンジャーズは減少傾向が顕著だった。

近年、常勝軍団だった両軍は今季地区最下位に沈み、100万人以上もファンを減らした。また、クリーブランド・インディアンスは13年ポストシーズンに進出し、14年も善戦したが、144万人で最下位。プログレッシブ・フィールド（当時のジェイコブス・フィールド）が開場し、1995年6月12日から01年4月4日まで455試合ソールドアウトが続いた日々が懐かしくさえ感じる。

メジャーリーグは、07年に7950万人の史上最多の動員数をマーク。気をよくしたバド・セリグ・コミッショナーは「8000万人動員」の目標を掲げた。しかし、翌08年はおよそ100万人を減らし、それ以降7500万人を一度も超えることができず、今日に至っている。

しかし、この間何もしなかったわけではない。さらにポストシーズンを盛り上げるために、従来のワイルドカードにメスを入れた。以前は東、中、西地区の優勝チームと、2位以下の最高勝率の4チームで各リーグがワールドチャンピオンを争うシステムだった。これを12年から、2位以下の最高勝率2チームで「ワイルドカードゲーム」を行い、その勝者がディビジョンシリーズに出場するというシステムに改めた。

これにより、ポストシーズンに進出できるチャンスが他のプロスポーツに比べて少ないという批判に応え、また、確実にポストシーズンに出場するためには、これまで以上に地区優勝を目指さなければならないというモチベーションを生んだ。

メジャーは、半年間かけて162試合を行う長丁場。伝統的に夏休みと重なるサマーシーズンに多くの観客が訪れるエンターテインメントだ。だからこそ、それ以外の時期に足を運んでもらうためのピークをいかにつくるかが問われていた。ポストシーズンに対する新システムを導入したことで、14年のシーズン最終週末（9月26日〜28日）にメジャー全体で165万人の観客がポストシーズンに出場するチームの行方を見守った。これは、08年以来となる最大の集客数だった。

新たな取り組みは一定の成果を出したが、ファンの興味を喚起し、いかにして財布のひもを緩めさせるかは永遠の課題だ。いまや、国技といわれる野球にも多くのライバル・スポーツが存在し、ITの発達もあって、ファンにいかにボールパークまで足を運んでもらうかは大きな課題だ。入場料をはじめとする支出に見合うだけの感動や満足感がなければ、座席に座ってもらうことは難しい。経営の根幹をなす、入場料収入を増やす取り組みに終わりはない。

New commissioner

メジャーの命運を握る男

彼が見た初夢はどんなものだっただろうか。

2015年1月25日、メジャーのコミッショナーが代わった。

命運を握る男の名はロブ・マンフレッドだ。元々は労使畑の弁護士として辣腕《らつわん》を振るっていたマンフレッドは、メジャーの労使交渉に関わるようになり、1994年のストライキの暗黒時代にはオーナー側の相談役だった。その結果、98年からMLB機構に迎えられ、長くMLB最高執行責任者としてスポーツビジネスの最前線にいた。その間、前コミッショナーのバド・セリグの右腕として労使協調路線を展開し、見事に3度の労使協定を締結させ、平和な時代をつくってみせた。

2014年8月。オーナー会議の席上で、次期コミッショナーを決める投票が行われた。

最終候補者に残ったのはマンフレッド、MLB事業担当副会長のティム・ブロスナン、ボストン・レッドソックス会長のトム・ワーナーの3人だった。まずブロスナンが辞退したため、マンフレッドとワーナーの二人に対して、全オーナーによる投票があった。一度目でマンフレッドが22票を獲得したが、承認に必要な4分の3以上に当たる23票に届かなかったため、2度目が行われ、マンフレッドは晴れて満票を集めた。

オーナー側、そして選手会という双方から信頼を受けているのが彼の特徴だが、ホワイトソックスのジェリー・レインドルフオーナーを筆頭に、マンフレッドの協調路線を快く思わないオーナーも確かに存在した。ただ、最終的にオーナー側が首をタテに振った最大の理由は、これまでのセリグ体制を引き継ぐトップを選んだほうが、MLB全体にとっての「利益」になるという判断だった。

メジャーのコミッショナーの歴史をひもとくと、セリグ体制は史上2番目の長さだった。その間、メジャーのセールスを8000億円以上まで引き上げ、球団と選手に大きな繁栄をもたらした。

そんなセリグが見せた忘れられない光景がある。ボールパークに姿を見せると、多くのファンが彼のサインボールを求めて列をつくるのだ。それほどに彼の人気は高く、ファンに夢を与える存在だった。日本で決して見られないそのシーンは、日米のビジネスの大きな違いを表しているかのようだ。

80歳のセリグに代わってMLBの舵取りを任せられたマンフレッドは、セリグ路線の「後継者」という位置づけになる。「30球団が結束して、発展する道を推し進めていきたい」。マンフレッドはこう抱負を語るが、目の前には試合時間短縮、若者の野球離れ、薬物問題、ビデオ判定、そしてピート・ローズの資格復帰問題など、思いつくだけでも問題が山積している。

任期は5年。第10代のコミッショナーがメジャー史に輝かしい実績を刻めるか、否か。顔の見えるMLBのトップの行動からも目が離せない。

The third woman owner

メジャーのお騒がせ女性オーナー

日本のプロ野球で、史上初となる女性オーナーが誕生した。

DeNAベイスターズが同社創業者の南場智子《なんばともこ》氏の就任を発表した。「男女とかを意識したことはない。女性ファンの気持ちは男性よりわかる。女性が球場に足を運ぶようにしたい」。南場氏は、女性オーナーとしての第一声を力強く宣言。これに対して、熊崎勝彦《くまざきかつひこ》コミッショナーは、「社会の各方面で女性はご活躍されており、輝いている時代。野球界も女性ファンが増えているデータもあり、意義深く感じます」と期待感を口にした。81年目を迎える日本のプロ野球に誕生した女性オーナーがどんな戦略で、球団経営を行うのか、楽しみが増えた。

メジャー史上最初の女性オーナーはニューヨーク・メッツの初代オーナーのジョーン・

ホイットニー・ペイスン氏だ。だが、個人的には、メジャーで女性オーナーといえば、シンシナティ・レッズのマージ・ショット氏が思い浮かぶ。それほど強烈な個性を放っていたからだ。

アメリカのスポーツ雑誌『スポーツ・イラストレイテッド』によるロングインタビューは、忘れられないほどのインパクトがあった。夫が残した自動車販売などの事業で財を築いたショット氏は、1984年にレッズを買収。愛犬のセントバーナードと一緒に、真っ赤なチームカラーの洋服で本拠地リバーフロント・スタジアムにやってくる姿が印象的だった。15年間のオーナー在位で7人の監督人事を繰り返すトップダウンのマネジメントが特徴。移籍を活発に行い、金銭面でも選手のモチベーションを上げる積極姿勢で1990年にはワールドシリーズを制したこともあった。

その一方で、92年の『NYタイムズ』紙上でヒトラー容認発言をし、MLB機構から96年から98年シーズンの資格停止処分と、2万5000ドルの罰金を科せられた。選手や球団職員に対する度重なる人種差別発言で物議を醸し、メディアに再三取り上げられる存在だった。球団職員との訴訟などもあり、お騒がせオーナーだった。

そんな経緯もあって、99年10月にはカール・リンドナー率いるグループに6700万ドルで球団を売却し、球団経営の第一線から退くこととなった。

「おしゃべりマージ」とも呼ばれたが、女性オーナーらしさも随所に出した。1ドルホットドッグを売り物に、キッズたちにアピールしたり、ファミリー向けのエンターテインメントを追求する姿勢で、メジャーで最も格安に野球が楽しめる土壌をつくってみせた。

04年、ショット氏はシンシナティの病院で亡くなった。享年75歳だった。棺に納められたとき、レッズカラーの真っ赤なスーツに、胸にはトレードマークの象のラペルピンが着けられていたという。

A-Rod

ヤンキースが抱えるAロッド爆弾

2015年のシーズン開幕前、メジャー各球団の地元紙がポジティブなニュースを報道する時期だが、ヤンキースだけは大きな爆弾を抱えていた。A・ロッドこと、アレックス・ロドリゲスがその張本人だ。

A・ロッドは14年、薬物規定違反により全試合の出場停止処分を受けた。キャンプを前にして、大リーグ公式サイトが謝罪の手紙を公開。便箋《びんせん》に青いインクの手書きでしたためられた文書は、「ファンの皆様へ」という宛名で始まっていた。

「私が14年のシーズンに出場停止処分を受けるに至った過ちは、すべて自分に責任があります。私の行動が必要以上に状況を悪化させたことを後悔しています。メジャーリーグ機構、ヤンキース、スタインブレナー一家、選手会、そしてファンの皆様に対して申し訳ないとしか言うことができません」

問題発覚後、Ａ・ロッドが禁止薬物に関する調査を妨害したり、処分を科された後に選手会を相手に訴訟を起こしたり、反感を買うような行動があったことについて、謝罪に終始する内容だった。

キャンプ中、地元紙『ニューヨーク・ポスト』で、ハル・スタインブレナー共同オーナーは、「キャンプ中、健康でさえいればチームに貢献できる。それは他の24人の選手と同じ。過去にこだわるつもりはないし、もし彼が健康であれば、チームにとっては戦力となり貢献できるだろう」と、展望を語った。

2月26日のキャンプインには全米から多くのメディアが駆けつけ、Ａ・ロッドの復帰を報じた。それは、スプリングキャンプ一番の注目度だった。１００人を超えるメディアの視線は、彼の一挙手一投足に集まった。

17カ月ぶりにピンストライプのユニホームに袖を通したＡ・ロッドは、「まるでディズニーランドに行くような気分だった。一日中新人時代のようだった」と騒動後初めてとなるキャンプインの心境を明かした。ジョー・ジラルディ監督は指名打者のほか、1塁手としての起用も示唆。ゲームでの勝負勘を取り戻し、ケガさえしなければ、戦術面での選択肢は増えるはずだ。

07年、A・ロッドはヤンキースと10年総額2億7500万ドル（約300億円）の契約を結んだ。超大型契約は15年の時点で、あと3年6100万ドルを残していた。13年は44試合に出場し、7本塁打19打点と、20年のキャリアの中で最低の数字だった。14年シーズンは出場停止処分で一度も打席に立つことができなかったが、15年の年俸は2100万ドルと、メジャー屈指の高給とりだ。

15年6月1日のレッドソックス戦では田沢純一《たざわじゅんいち》からウィリー・メイズに並ぶ通算660号を放ち、歴代4位となった。6月19日には史上29人目となる通算3000本安打を達成。メジャーの歴史の中で、「3000安打と600本塁打」を達成したのはハンク・アーロンとウィリー・メイズの二人だけ。偉大な領域に足を踏み入れたロドリゲスに対して、ヤンキースとの契約では、記録が達成されるたびにボーナスが支払われるインセンティブ条項が盛り込まれていたが、ヤンキース側は支払う権利がないと示唆している。

本名アレクサンダー・エマニュエル・ロドリゲス。彼の復帰を手放しで喜ぶファンは少ないだろう。偉大な記録に肩を並べても、一度ついたダーティーなイメージを払拭《ふっしょく》するのは容易なことではない。

それでも彼はプレーする道を選んだ。今季は41歳になるお騒がせ男に、名誉挽回のために残された時間はそう多くはない。

Giveaways

メジャーで人気の集客作戦 〝首振り人形〟

もはやただゲームを見るだけでは、ファンは満足しなくなった。チケット代に、駐車代、飲食代、それにお土産代。野球観戦にはお金がかかる。メジャーの各球団も、顧客満足度を高めるために、あの手この手と、戦略を練っている。

集客力があるのが、毎試合のように準備されるイベントだ。２０１４年シーズンの「鉄板イベント」は、「花火」だった。メジャー24球団が２０５試合で実施し、夜空に大輪の華を咲かせた。

今回、ご紹介したいのが、「ギブアウェー」と呼ばれるプロモーション。入場者に性別、年齢別、そして個数限定で、スポンサー名の入ったオリジナル・グッズをプレゼントするというものだ。なかでも14年シーズン、一番人気だったのは29球団が採用した「バブルヘッド（首振り）人形」。次点はTシャツ、第3位がキャップなどのかぶり物だった。ヤンキースの田中将大やレンジャーズのダルビッシュ有も、人形になってファンを喜ばせた。29の球団は年間で１４６試合にわたってこのプロモーションを実施し、３４９万個をファンに配布したほどの人気策だ。

この10年間を振り返っても、各球団がバブルヘッド人形に集客の活路を見出したのは明らかだった。毎年のように、人気選手のデザインを変えて製作し、コレクター心をくすぐる。リビングに飾ることもできるし、人気選手になれば、高値で取引されることもある。また、子どもを球場に呼ぶにはもちろんのこと、世代を超えて愛されるプロモーションという点でも、圧倒的な支持を得ているといえる。

ロサンゼルス・ドジャースはメジャー随一となる12試合でバブルヘッド人形のギブアウェーを実施して56万個を配布し、3年連続で首位をキープ。これにカブスとロッキーズが10試合で続いた。この〝金の成る木〟を唯一実施しなかったレッドソックスも、今季は3試合で10万個を超える人形を配布予定だ。

メジャーでは、合計８７１試合でファンに何らかのグッズを配布した。つまり、それだけのスポンサーがこのプロモーションに魅力を感じて、協賛したということだ。一番のスポンサーはコカ・コーラ社。メジャー10球団と手を組んで合計79試合にわたってさまざまなプロモーションを実施し、4年連続で〝メジャーナンバーワン〟の地位を守った。続いて、ミラー・クアーズ社（ビール）、ペプシ社（飲料）というスポンサーがトップ3を形成している。

16年シーズン、ヤンキースでいえば、4月23日にあのベーブ・ルースのバブルヘッド人形が先着1万8000人のファンに、また、6月25日に田中のベースボールカードが来場者全員に配布される。球団の公式サイトのスケジュール表をチェックして、最高の思い出とグッズをぜひ手に入れてほしい！

Rule change～

ライバルNFLを迎え撃て！

「MLB機構が試合時間短縮を狙った新ルールに違反した選手に対して、10通の警告書を送付した」。AP通信がこんな記事を世界に配信した。

2015年シーズンから、メジャーのボールパークには、カウントダウン用のタイマーが登場した。その理由は攻守交代時間を「2分25秒」、全米中継試合では「2分45秒」という新ルールの適用がメジャーリーグ機構と選手会の合意で決まったからだ。

投手ならば残り30秒までに投球練習を終え、打者は残り20秒から5秒以内で打席に入り、マウンド上の投手は20秒から0秒以内で投球動作に入らなければならなくなった。さらにゲーム中、打者は基本的にバッターボックスに片足を残しておかなければならなくなった。理由なしに打席を外して試合を遅らせた場合、審判は投手にストライクを与えることができるようになった。投手とのタイミングを外したりするような行為はできなくなった。

一方、スポーツ専門ケーブルテレビ「ＥＳＰＮ」によれば、先発陣の中でデトロイト・タイガースのデービッド・プライスが投球間隔26・6秒と、メジャーで一番間合いの長い投手だった。プライスのように自分の間合いを大切にする投手にとって、新ルールの対応は厄介なものになるかもしれない。

冒頭の記事は、新ルールに違反した選手に対しては警告するという内容。4月中は違反した場合でも警告どまりだが、5月からは最高で５００ドルの罰金が科されるケースもあるという。

「ルール変更は試合時間を適正化するうえで、大きな一歩だ」。これは、新コミッショナーに就任したロブ・マンフレッドが試合時間の短縮に向けて出した決意表明だ。

平均試合時間（9回換算）は１９８1年に2時間33分だったが、昨シーズンは3時間2分に拡大。この新ルールが適用されたオープン戦は時間短縮の効果が表れていて、公式戦も間違いなく短縮されることになるだろう。

なぜ、メジャーはこれほどまでに試合時間短縮にこだわるのだろうか。それは人気ナンバーワンのプロスポーツであるＮＦＬの存在がある。ＮＦＬは4クオーターの60分制で、試合時間が決まっているゲームだ。終了時間がある程度読めることこそが、ＮＦＬが最強のキラーコンテンツとされるゆえんだ。

ＮＦＬの放映権料は、更新時期がくるたびに過去最高をマーク。支払う側のテレビ局にとって、試合時間が決まっているためにＣＭを入れやすく、他のプロスポーツに比べて格段にＣＭ単価が高く設定されている。たとえば、全米最大のスポーツの祭典であるスーパーボウルは、15年の平均視聴率が46・４％をマークし、視聴者数はテレビ史上最多となる１億１１５０万人となった。30秒ＣＭはついに４００万ドル（約4億円）に達し、広告収入は３００億円以上といわれるビッグイベントなのだ。

国民的娯楽といわれて久しい野球だが、ＮＦＬに大きく水をあけられているのは明らかだ。ただ、いいニュースもある。15年シーズンの観客動員数が初めて４００万人を突破。1試合平均では８３８８人で、過去最多だった13年より約21万人多い４０３万４７０８人に達したからだ。

試合時間を短縮するだけではなく、同時に、試合内容の面白さも求められる。ただいつも思うことだが、魅力を失わないために、毎年のようにこうした努力を続ける姿勢こそが、野球復活につながるのかもしれない。

Team Valuation

〝メジャー長者番付〟これがヤンキースの値段です。

私には毎年、楽しみにしているデータがある。アメリカの経済誌『フォーブス』が発表するメジャーの長者番付だ。

２０１５年もニューヨーク・ヤンキースが前年の25億ドルから28％増の32億ドル（約３８４０億円）で、第１位となった。これは、ＮＦＬのダラス・カウボーイズと並び、アメリカのプロスポーツ最高額と評価された。ちなみに、世界一はレアル・マドリードの34億４０００万ドル（約４１２８億円）だ。

市場価値32億ドルの内訳に関しては、球団価値（４億４２００万ドル）、フランチャイズ価値（15億５９００万ドル）、ヤンキースタジアム価値（５億９３００万ドル）、球団のブランド価値（６億６１００万ドル）と試算。また、２年連続でポストシーズンを逃したヤンキースだったが、売り上げは5億800万ドルで、アメリカン・リーグ第1位の動員数をマークした結果、売り上げに占める入場料収入は2億6900ドルという結果になった（入場者1人当たり53ドルを消費）。

第2位は24億ドル（約2880億円）でドジャース。オーナーであるグッゲンハイム・ベースボール・マネジメントは、12年に約20億ドルで買収。その後、順調に資産価値を上げた理由としては、タイムワーナーと結んだ25年総額83億5000万ドル（約1兆円）という超大型のテレビ放映権料が大きい。単年ベースでは史上最高の1億2000万ドル（約144億円）に上り、さらにドジャースタジアムに14年に378万人を動員してみせた。

3位には21億ドル（約2520億円）で常連のボストン・レッドソックスが入り、4位には20億ドル（約2400億円）で14年のワールドシリーズ覇者のサンフランシスコ・ジャイアンツが食い込んだ。この5年間で3度のワールドシリーズ制覇を成し遂げたジャイアンツは、ビジネス面でも好調を持続。売り上げ全体の78億6000万ドル（約9390億年）の37％に当たる28億8000万ドル（約3440億円）の放映権を稼ぎ出した。また、オラクルやヤフーなど近郊のシリコンバレーという立地を生かしたIT企業を取り込む戦略が功を奏し、スポンサー収入を3億8700万ドル（約464億4000万円）

に倍増させた。今後は本拠地周辺の再開発を加速させ、さらなる売り上げ増加を見込んでいる。

メジャー全体でも、テレビ放映権料やネットビジネスの拡大で、球団の平均市場価値は14年から48％上昇し、12億ドル（約1440億円）。伸び率は史上最高を記録した。

ヤンキースは『フォーブス』が調査を開始した1998年から18年連続の王座となった。73年、当時のオーナーだったジョージ・スタインブレナーは3大ネットワークのCBS放送から880万ドルでヤンキースを買収した（↓301ページ、参考資料）。

あれから、42年。ヤンキースの市場価値は、364倍の規模にまで膨らんだ。まさに、アメリカンドリームである。

Scranton/Wilkes-Barre RailRiders

マー君のメジャー復帰とヤンキースのマイナー戦略

右手首の腱炎と右前腕部の張りで15日間の故障者リスト入りしているヤンキースの田中将大のメジャー復帰が決まったときの話だ。

2015年5月21日。田中は傘下3Aスクラントン・ウィルクスバリー・レイルライダースでリハビリ登板。「マイナーには随分と長い球団名があるんだな」と思ったファンの方もいるはずだ。本拠地PNCフィールドには7737人が集まり、ヤンキースの放映権を持つ「YESネットワーク」も、緊急ライブ中継を決めるほどの注目度だった。

スクラントンが所属するインターナショナル・リーグは1884年に創設され、14球団が北部、南部、西部の3地区に分かれ、もう一つの3Aパシフィックコーストリーグと、トリプルAチャンピオンシップゲームを争うシステムだ。

メジャーの30球団はそれぞれのビジョンと戦略のもとに、北米大陸や中南米にあるマイナー球団と独自裁量で業務提携を結んでいる。メジャーは監督をはじめとする指導者や選手を送り込み、サラリーを支給するだけで、マイナー球団は独立採算制で球団経営をするというすみ分けがなされている。

当然、観客動員数や革新的なイベントを企画するような球団経営に優れたマイナー球団は、メジャーから引く手あまたで人気がある。また、スポーツビジネスに対して前向きな自治体が本拠地であれば、新たなボールパークを建設して、さらに球団価値を上げたりできる。

15年のヤンキースは、マイナー傘下に3Aスクラントンを頂点に、2Aトレントン、アドバンスド1Aのタンパ、1Aのチャールストン、ショートシーズンAのスタッテンアイランド、ルーキーのプラスキーの6球団を置いている。14年までは、フォーリン・ルーキーに3球団を置き、9球団で構成していたが、15年から戦略を変え、選手育成を国内集中型に移行した。

ヤンキースは28年もの長い期間、3Aをオハイオ州コロンバスに置いていた。90年代の黄金期を築いたデレク・ジーター、マリアノ・リベラ、バーニー・ウィリアムズなどの名選手がコロンバス・クリッパーズから巣立っていった。そのヤンキースがスクラントンと業務提携をしたのは06年9月21日のこと。スクラントン周辺のファンにとっては、大ニュースだった。その日だけでも、5万枚近いチケットが売れたエピソードが残っているほどだ。一方、ヤンキースとの提携を解消したコロンバスはワシントン・ナショナルズ、そして現在は、クリーブランド・インディアンスの傘下だ。

スクラントンの球団史をひもとくと、創設当初は独立リーグに属していたが、これまでフィリーズやインディアンスなど8球団の傘下となっている。ヤンキースの傘下に入ってからは、4回の地区優勝、そして08年には初のリーグ優勝を成し遂げている。

ヤンキースがスクラントンと業務提携をした理由の一つが本拠地ニューヨークを中心にマイナーを集約するという方針があったからだ。ニューヨークからスクラントンまでは車で片道2時間、2Aのトレントンも同じような移動距離にあり、今回の田中のようなリハビリ登板やマイナーからの昇格人事をする際、時間的な効率や、フィジカルやメンタル面でのストレスが少なくなり、球団や選手にとってはプラスの要素が多い。

ビジネス社会に置き換えれば、どこに支社を構えれば販売の拠点となるか、どこに工場を置けば、輸送コストが抑えられるか、という企業戦略で考えれば当たり前のことだ。広大な北米大陸のどこにマイナー球団を置くのかという戦略が、メジャーの球団が常勝チームになる重要な決断の一つになっている。

Mariano Rivera's Son

リベラ3世――偉大な父を乗り越える日

メジャーの未来を背負う若者を選ぶドラフトが終わった。3日間で1215人の有望株が指名され、これからメジャーの階段を上る厳しい戦いの幕が上がる。名誉ある全米1位指名を受けたのは、アリゾナ・ダイヤモンドバックスが指名した強打のショート、ダンスビー・スワンソン（バンダービルド大）だった。

2015年のトレンドは1巡目で9人のショートが指名されたことだ。過去に2度あるが、今回は合計で102人のショートが指名を受けた。それでも40巡目までは半分が投手。全体では633人の投手が占め、そのうち、462人は右投手だった。また、261人が内野手、211人が外野手、109人が捕手、さらに1人がユーティリティー・プレーヤーだった。

地域性を分析すれば、アラスカ州やワイオミング州以外の48州から指名があった。さらに、カリフォルニア州が215人、フロリダ州が142人、テキサス州が112人、ジョージア州が70人と人材供給源の常連が今年も並んだ。ここ数十年のスパンでは、即戦力としての大学生が人気だが、アリゾナ州立大、フロリダ大、イリノイ大、バンダービルト大はそれぞれ9人が指名された。最多となったのはオクラホマ大で、なんと11人を送り込んだ。

メジャーではよく「Tribute Picks」といって、いわゆる「縁故枠」といわれるものがある。その成功例が、1988年、ロサンゼルス・ドジャースが62巡目（全体1433中1389位）で、マイク・ピアザを指名したことだ。ピアザの父親と当時のトミー・ラソーダ監督が親友同士だったことが、アマ時代に何の実績もなかったピアザを指名した理由だった。そのピアザが、捕手として歴代1位となる通算427本塁打を放つ強打者になり、野球殿堂入りをするとは、どのスカウトも予想できなかったはずだ。

そして今年、ヒューストン・アストロズは、球団史にふさわしいドラフトを行った。34巡目でノートルダム大学のコナー・ビジオ、そして35巡目でテキサス大学のコディー・クレメンスを続けて指名した。メジャーリーグ・ファンならば、ビジオやクレメンスという名前を聞けば、すぐに反応するはずだ。彼らはクレイグ・ビジオ、そして、ロジャー・クレメンスの息子たち。今年も2世選手が誕生した瞬間だった。ちなみに、クレメンスの2人の息子は、すべてドラフト指名された。

こればかりではなかった。6月9日、ヤンキースタジアムでのニューヨーク・ヤンキース対ワシントン・ナショナルズのゲーム当日に、ナショナルズが4巡目でマリアノ・リベラ3世を指名した。アイオナ大学で投げるリベラは97マイル（約156キロ）の豪速球が売りだ。実は前年ヤンキースが29巡目で指名したが、リベラ3世は指名を拒否。父がプレーしたヤンキースに入団するよりも、卒業単位取得とさらに投球に磨きをかけるために、大学でもう1年プレーする道を選んだ1年後の喜びだった。

まだリベラ3世が少年の頃、私はヤンキースのクラブハウスやスタジアムでよく彼の姿を目にしていた。「パパのこと好き?」と聞いたとき、「大好き!」という言葉が返ってきた。その彼が、ドラフトで指名され、父の背中を追いかけて、メジャーリーガーになる道を歩むことになった。

あのとき、「夢は?」と聞けば、「ここ（ヤンキースタジアム）でプレーすることだよ!」と即答。彼の夢が叶い、偉大な父を超える日を是非取材したい。

The World's Most Powerful Sports Agents

松井秀喜をヤンキースに導いた男

9億8798万ドル（約1185億円）。

数々の球団と選手の間に立って、この年俸をとりまとめた人物が代理人アーン・テレム、その男だ。ワッシャーマン・メディア・グループの副社長として手にしたコミッションはなんと3952万ドル（約47億円）。経済誌『フォーブス』は、テレムを世界で最も影響力のあるエージェントの第3位にランク付けした。

1989年に会社を立ち上げて以来、テレム氏はメジャー、そしてNBA（ナショナル・バスケットボール・リーグ）で、これまで500人を超えるクライアントの契約を手がけてきた。彼のリストには、そうそうたるプレーヤーが並ぶ。メジャーでは、ジェイソン・ジアンビー、フランク・トーマス、マイク・ムシーナ。NBAではコビー・ブライアントやレジー・ミラーなど、時代を彩ってきたスターがいた。

そして、もちろん日本人選手のメジャーの扉を開いてきた功績も忘れてはいけない。巨人からFAでニューヨーク・ヤンキースに入団した松井秀喜氏、さらにダルビッシュ有や岩隈久志など、海を越えてチャレンジする若者の背中を押してきた。

「裏切り者といわれるかもしれない。命をかけてプレーしてきたい」。読売巨人軍の球団旗のない会見場の壇上で、松井氏はメジャー挑戦を公の場で口にした。そんな彼にとって、テレム氏との出会いは非常に大きなものであり、テレム氏の存在なくして、ピンストライプのユニホーム姿は実現できなかったかもしれない。「テレムさんは人間的にも信頼できると感じたし、実際にお会いしたら素晴らしい人でした」

2005年のオフ、松井氏はヤンキースと新たに4年契約を結んだ。その際、松井氏がヤンキースからどんな評価を受け、どんな条件を提示されるか、注目が集まっていた。「交渉するだけやって、納得できる条件が引き出せるのであれば、僕はお任せします」と松井氏。

ヤンキースは当初、3年総額3000万ドル（約35億7000万円）程度の条件を提示したが、球団フロントが松井残留を「最優先事項」と位置づけ、最終的に4年総額5200万ドル（約61億8800万円）で、当時の日本人選手のメジャー最高契約を勝ち取った。

「交渉期限ギリギリになって、テレムさんから『客観的に見て、ヤンキースの提示した条件は公平なものです』と電話があり、お願いします！と返答して、契約延長しました」。松井氏は当時の交渉過程を振り返った。

そのテレム氏は34年間にわたったエージェント人生に終止符を打ち、ＮＢＡデトロイト・ピストンズをマネジメントする「パレススポーツ＆エンターテインメント社」に移籍する決断をした。「ビジネス、芸術及びバスケットボールコートやフィールドにおいて、フランチャイズを通じたデトロイトの可能性にかけてみたい」と転職の理由を述べた。

球団と選手をつなぐ代理人の世界から、今度は球団経営の中枢で、これまでの経験を生かすことになった。61歳での挑戦。テレム氏がどんな第二の人生を歩むのか、非常に興味深い。

86th Midsummer Classic

夢の球宴で繰り広げられる誘致合戦

昔もいまも、オールスターは特別なイベントだ。この真夏の祭典は「ミッドサマー・クラシック」と呼ばれている。メジャーリーガーが誰でもあこがれ、引退すれば必ず「オールスター出場何回」と、プロフィールに記載される。日本ではオールスターは1年に3度もあるが、メジャーではたったの1度きり。文字どおり、その年にキラ星のごとく輝く選手が両リーグを代表して一堂に集う。

開催日の数日前からは「オールスター・ウィーク」と名付けられ、ファンを出迎える空港からダウンタウンの中心部まで、オールスター・ロゴ一色で埋め尽くされる。前夜祭はその街を象徴するような場所で催され、政財界人やセレブが集う。コンベンションセンターで開かれる「ファン・フェスタ」のさまざまなアトラクションは親子連れでにぎわい、夜になると、「オールスター・コンサート」で深夜まで盛り上がる。

さらに、次代を担うマイナーリーガーたちの球宴「フューチャーズ・ゲーム」、ハリウッドスターやメジャーのOBによる「ソフトボールゲーム」、そして、オールスターの華である「ホームラン・ダービー」が夢の球宴に花を添える。当日はオープンカーに乗ったスターたちがレッドカーペットの上をパレードし、豪華な演出で幕を開ける。

2015年で86回を数える「ミッドサマー・クラシック」はオハイオ州シンシナティで開催された。1988年のリバーフロント・スタジアムでの開催以来となる栄誉だ。開催都市はメジャー30球団の本拠地に順番にやってくると考えれば、単純計算で30年に1度しか回ってこない。すでに、今年はサンディエゴ、17年はマイアミ、18年はワシントンDCと3年先まで決定していて、連続してナショナル・リーグの本拠地開催となる。

実は06年にピッツバーグ、07年にサンフランシスコと2年連続でナショナル・リーグの本拠地で開催されたことがあり、06年から18年の13年間に9度もナショナル・リーグの本拠地開催ということもあった。

これまで「ミッドサマー・クラシック」は原則的に、アメリカン・リーグとナショナル・リーグが交互に開催してきた。昨年2月、マンフレッド新コミッショナーは「今後の開催地はスーパーボウルをはじめとするビッグイベントと同様に、招致立候補方式への変更を検討する」と表明。開催地決定方式が史上初めて変更されることになった。

New York City Economic Development社によると、13年にニューヨーク・メッツの本拠地シティフィールドで開催されたオールスターゲームは、史上最高額となる1億9150万ドル（約220億円）の経済効果が見込まれた。もはや開催都市にとっては名誉ばかりではなく、経済的な波及効果も見込める一大イベントとなった。開催を希望する都市は、それにふさわしいハードやソフトが充実していることをアピールすることになり、今後は各候補地による激しい招致合戦が展開されることになりそうだ。

Competitive Balance Tax

史上最高の〝ぜいたく税〟はいくらだったのか⁉

ここにメジャーリーグの憲法ともいうべき「2012-16 Basic Agreement」がある。その第13章に、「課徴金」に関する定義が記されている。

課徴金とは2002年8月に、オーナーと選手会の間で結ばれた労使協定に盛り込まれた「戦力の均衡」を目的とする新たな制度。メジャー40人枠の選手総年俸額が、規定額を超えた球団に課される課徴金（いわゆる、ぜいたく税）のことだ。規定額は、12年と13年が1億7800万ドルで、14年から16年までが1億8900万ドルと設定されている。

AP通信によると、03年に施行されてから、15年の年俸総額2億9790万ドルのロサンゼルス・ドジャースが史上最高額となる約4360万ドル（約52億8000万円）を支払うことになった。15年はさらにニューヨーク・ヤンキース（約2610万ドル）、ボストン・レッドソックス（約1800万ドル）、サンフランシスコ・ジャイアンツ（約130

万ドル）が同制度の対象球団となり、史上初めて4球団に課税され、4球団合計で、72 80万ドルの税金が、16年1月21日までに、MLB機構に振り込まれることになった。

この課徴金制度の常連といえば、ヤンキースだ。30球団で唯一、同制度開始以来13年連続で規定額を超過し、毎年税金を払っている。課税率は毎年連続で超過するほど引き上げられるシステムであり、ヤンキースは最大50％の最高税率を支払っている。この税率は1度でも規定額以内に収めれば、もう一度最小の17・5％まで引き下げられる。

規定額を超過する年俸で、優秀な人材をできる限り集めたとしても、必ずしも総年俸額に比例したチーム成績が残せるとは限らない。メジャー最高の人件費を支払ったドジャースはポストシーズンに進出したものの、リーグ優勝決定シリーズでニューヨーク・メッツに敗れ、1988年以来となるワールドシリーズ制覇の夢は消えた。総年俸額2位のヤンキースも、ワイルドカードで同29位のヒューストン・アストロズに敗退。レッドソックスはア・リーグ東地区の最下位、そしてジャイアンツはナ・リーグ西地区2位と、ポストシーズンにさえも進出できなかった。世界一になったのは、同13位の1億2900万ドルのカンザスシティー・ロイヤルズだった。

各球団が選手にかける人件費は高騰している。年俸総額が1億ドルを超えた球団は14年は17球団しかなかったが、15年は22球団に増え、平均総額も1億3000万ドルに迫る勢いだ。8月31日時点の出場登録選手と故障者リスト入り選手の平均年俸について、選手会は14年から3・5%増の395万2252ドル（約4億8000万円）と発表し、史上最高額を記録。間違いなくメジャーリーガーは、我が世の春を謳歌《おうか》しているといえる。

一方、オーナー側はなんとか年俸総額を超えないようにさまざまな契約上の知恵を絞るようになった。その一つが課徴金を逃れるために、大型契約を結ぶ際、課徴金の対象にならないボーナスを手厚くする手法の契約が、制度が始まって以降に相次いだ。こうした動きに対し、MLB機構と選手会はシーズン成績に応じた出来高払いを禁じ、2012年4月20日には、さらに、契約に個人的な通算記録へのボーナス条項を盛り込むことを禁止することを決め、税金逃れの逃げ道をなくした。

最後に、13年連続で税金を支払っているヤンキースはこれまでの通算の支払額が、合計2億9797万ドル（約360億円）と断トツの高額納税球団である。これは15年の年俸総額256億円をはるかに超える税額だ。そして、課徴金制度が施行された03年以降、ヤンキースが世界一になったのは、わずか一度だけという事実も記しておきたい。

ニューヨーク・ヤンキースと日本選手史上最高となる
7年総額1億5500万ドル（約161億円）の
大型契約を結んだ田中将大。

第3章

道を究めた男たちの言霊

〝安打製造機〟が貫いたフランチャイズ魂

〝ミスター・パドレス〟トニー・グウィンが2014年6月16日、唾液腺《だえきせん》がんのため54歳の若さで亡くなった。一時代を築いた名選手の訃報《ふほう》に涙がこぼれた。

「野球を楽しむこと。それが大切。日本の選手にもその気持ちを忘れないでほしい」

1995年の野茂英雄の鮮烈な活躍で日本人選手に注目が集まる中、グウィンは私に、プレーするうえでの心得を説いた。とても素敵な笑顔だった。

サンディエゴ州立大学で、野球とバスケットボールで活躍したグウィンは同じ日に、MLBのサンディエゴ・パドレスとNBA（ナショナル・バスケットボール・アソシエーション）のロサンゼルス・クリッパーズから指名されるという才能溢《あふ》れる選手だった。

82年7月19日のデビュー戦二塁打から、01年10月6日に記録した二塁打まで、積み重ねた安打数は「3141本」。84年に初の首位打者を獲得すると、87〜89年、94〜97年と、合計8度のタイトルを獲得。通算打率3割3分8厘（歴代18位）、135本塁打、319盗塁。打つだけではなくゴールデングラブ賞を5度獲得し、オールスター戦には15回も選出された。

07年に殿堂入りを果たしたグウィンは引退後、母校のサンディエゴ州立大野球部監督に就任し、後進の指導にあたっていた。しかし、現役時代からのかみタバコの影響もあり、09年にがんが見つかり、その後は入退院を繰り返していた。

グウィンはパドレス一筋20年、選手生活のすべてをサンディエゴの町に捧げたスーパースターだった。彼の実績からすれば、何度も巨額の契約で大都市球団にFA（フリーエージェント）移籍することは可能だった。それでも、グウィンはその道を自ら選択しなかった。そして、彼は常に中都市である「サンディエゴ価格」で契約を更新し続けた。そんな男だった。

それほど、自分の生まれ育った町を愛し、誇りを感じてプレーしていたからだ。弟のクリスや息子のアンソニーもパドレスでプレーし、娘のアニーシャは本拠地で国歌斉唱した。グウィン一家はこの町にすべてを捧げているかのようだった。

現代のメジャーではＦＡ（フリーエージェント）権を行使して、複数年の大型契約を手にし、育ったチームを去る決断がもはや当たり前になった。そして、それを否定することもできない。最高の評価をしてくれた球団でプレーすることは選手の誇りであり、モチベーションにもなっているからだ。

だからこそ、メジャーデビューを果たした球団で選手生活を終えることは、多くの幸運に恵まれながら、さらに球団を選択できるだけの実力と人間性も兼ね備えていなければならない。そういう意味でも、グウィンは不世出の選手だった。パドレスの本拠地ペトコパークの住所は「19 Tony Gwynn Way」であり、地元のリトルリーグで、最も人気のある背番号は「19番」だ。

パドレスのロン・ファウラー上級チェアマンは、この訃報に際してこんな言葉を残した。「世代を超えて、この町で太陽よりも頼りになる男が、トニー・グウィンだった。誰もグウィンの背番号19番のスピリットと情熱を感じることなく、パドレスのユニフォームを着てはいない」

「生涯パドレス」。グウィンが守り通したライト後方には、彼の銅像が立っている。不世出の選手は、この世を去った後も、愛してやまないパドレスをしっかりと見守っていくはずだ。

The origin

松井秀喜を形づくった〝5打席連続敬遠〟

2014年夏の甲子園を目指した地方予選では、石川県の星稜高校が9回裏0対8の絶体絶命の状況から、小松大谷を逆転サヨナラ勝ちで下し、甲子園出場を決めた。このミラクルは、アメリカの全国紙『USA TODAY』(電子版)で報じられたほどだ。

星稜といえば、和歌山県の箕島高校との延長18回の死闘とともに、「松井秀喜氏への5打席連続敬遠」である。毎年甲子園の時期になると、高知県の明徳義塾戦のあのシーンがお茶の間に流れる。

以前、松井氏にあの夏について、聞いたことがあった。

松井氏にとって、「高校野球=甲子園」であった。星稜高校1年の夏、初めて甲子園の土を踏んだときの感動は忘れられないほど強烈なものだったという。2年の夏の甲子園の竜ヶ崎一高戦では、ライトスタンドに甲子園初本塁打を放った。3年の春のセンバツでは ラッキーゾーンが撤去されたにもかかわらず、宮古高校戦で2打席連続本塁打、1試合7打点、2試合連続本塁打と、当時の大会記録をマーク。「ゴジラ」の名を全国にとどろかせた。

しかし、最後の夏の明徳義塾戦で、彼の状況は一変した。四番松井に対する大観衆の期待は、繰り返される敬遠のたびに、ため息と明徳への罵声に変わっていった。「僕はなにもしなくて、打席に立っただけ。あのとき、ドカベンの作者である水島新司《みずしましんじ》さんが『本当にそういうことが起こった』というコメントを出していたのを覚えています」

結局、チームは敗れた。アルプススタンドからメガホンが投げ込まれ、場内は騒然とした。多くのメディアがこの問題を取り上げ、国会でも議論され、当時の高野連会長も異例の声明を出すなど、社会問題化した。

松井氏は心の奥底に眠るあの夏の記憶のページをめくるように、言葉をつづった。

「あの経験があったことによって、その後の野球人生の中で、『松井秀喜は5回連続敬遠された打者なんだ』ということを背負っていかなければなりませんでした。心のどこかで、『5打席連続で敬遠された打者であること』を証明しなければいけないという気持ちもありました。そうなってしかるべきバッターだったと、後に野球ファンが、皆が思えるようにならなくてはいけないと」

18歳の松井少年にとって、甲子園の大舞台で、自分のバットで、チームの勝利に貢献したかっただろう。何もできなかった無念さ、そして、敗れた悔しさはどれほどのものだったことか。それでも、松井氏は前を向いた。そして、自分自身に向き合って出した答えが「すべてを背負う」ということだった。

「ふとした瞬間に、あの夏の、あの記憶がよみがえることがあります。滅多にないことですが、日常生活の中であの打席をふと思い出すことがあります。高校生活の中では間違いなく一番の思い出です」

彼はあの「事件」を「思い出」に変えてみせた。それが彼の野球人としての「原点」になった。

Hall of Fame episode

松井秀喜のどん底を救った名将のひと言

２０１４年７月27日、ニューヨーク州にあるクーパーズタウンは、年に一度のお祝いムードに包まれた。野球殿堂入りセレモニーを一目見ようと、全米中から野球ファンが集まり、お目当てのスーパースターに祝福の声援と拍手を送った。

この年は、例年にも増してスター中のスターが殿堂入りを果たした。３００勝投手のグレグ・マダックスとトム・グラビン、５２１本塁打のフランク・トーマス、名将のトニー・ラルーサ（通算２７２８勝）とボビー・コックス（通算２５０４勝）、そして今回の主人公ジョー・トーリ氏だ。私が最も尊敬する監督の一人である。

74歳になるトーリ氏は、54年の歳月をメジャーリーグに捧げた。日本の野球ファンには、松井秀喜のニューヨーク・ヤンキース時代の監督として、なじみがあるだろう。

1960年9月25日にメジャーデビューしたトーリ氏は、キャッチャーとして、アトランタ・ブレーブス、セントルイス・カージナルス、ニューヨーク・メッツでプレーし、9度のオールスター選出、71年にはアメリカン・リーグのMVPに輝いた。

77年にはメッツでプレーイング・マネジャーとして監督の世界に足を踏み入れた。それ以降、29年間の監督生活でメッツ、ブレーブス、ヤンキース、ドジャースで4度の世界一、積み重ねた勝ち星は史上5位となる2326勝。現在は、MLB機構の上級副社長の要職で野球界の発展に貢献している。

トーリ氏にとっては、松井氏との出会いが日本との接点を増やしてくれた。メディアとの会見では、必ず左手に紙コップを持ち、その中身は緑茶だった。本人いわく「気持ちが落ち着く」とのことで、厳しい戦いの中で精神安定剤の役割があったのだろう。監督室に入ると、緑茶のティーバッグの入った段ボールが常備されていたほどだ。

「巨人の四番」の座を捨て、ヤンキースに移籍した松井氏のメジャー1年目は決して順風満帆なものではなかった。「生活習慣も違えば、言葉も違う。国内でのリーグを越えた移籍でさえ、チームに適応できずに結果を残せない選手がいる。ヒデキは国境を越えて新しい環境に適応しようとしているのだから、並大抵の挑戦ではない」。その当時、トーリ氏はこんなふうに、松井氏を気遣っていた。

二人の信頼関係が強固なものに変わった瞬間があった。03年5月、松井氏の月間打率は2割6分1厘と低迷し、当時の自己最長となる「118打席本塁打なし」というどん底状態だった。『ニューヨーク・タイムズ』紙からは「ゴロキング」と揶揄《やゆ》され、逆風の中でシンシナティ・レッズとの交流戦を迎えていた。

トーリ氏は、不振に悩む松井氏をもっと楽な打順で打たせる打開策を練っていた。ただ選手に対する敬意を最大限に払う指揮官は、まず専属広報から松井氏に一度監督の考えを伝えてもらい、ゲーム当日には監督室で直接口を開いた。

「打順を七番に下げるが、君の打撃が悪いからではなく、気分転換の意味を込めて変える。それと、自分自身も調子が落ち気味のとき、少しベースの近くに立って、詰まり気味にしてから調整したことがあるんだ」

トーリ氏は自分の言葉で、経験談で、松井氏の背中を押した。

そのアドバイスから数時間後、松井氏は忘れかけていた感触を手に、ダイヤモンドを一周していた。「それまで外角のツーシームやシンカーは気になっていたが、あの日スパイク半足分ベースに近寄ったことであまり意識しないようになった。野球に対する考え方、取り組み方、そして人間性のすべてで尊敬できる人です」。松井氏は、野球殿堂入りを果たした指揮官をこんなふうに語った。

松井氏にとっても、トーリ氏にとっても、あの日でなければならなかった。トーリ氏のかけた言葉でどん底にいた松井氏は救われ、互いの絆はさらに深まった。

4万8000人のファン、そしてたくさんの関係者に見守られながら、トーリ氏は28分間の殿堂入りスピーチをこう締めくくった。

「野球に感謝している。野球というゲームは、人生そのものだ。完璧なものではないかもしれないが、完璧なものに感じられる。野球はアメリカの魂の一部。野球を愛するものとして、それを仕事にするなら、その一部であることに誇りを持っていたい」

Luckiest man

難病と闘った、地球上で最も幸せな男

「アイス・バケツ・チャレンジ」。

ＡＬＳ（筋萎縮性側索硬化症《きんいしゅくせいそくさくこうかしょう》）という難病の認知度を高めるためのチャリティー活動が２０１４年に世界的に広がった。ＭＬＢ機構もこの動きに賛同した。ロブ・マンフレッド氏、ジョー・トーリ氏、さらに１６５人のリーグ機構スタッフたちが、ニューヨークの本部前にて参加した。

氷水を被ったマンフレッド氏は、「ＭＬＢ本部で働く職員たちの結束を示せた」と理由を話すと、「あのゲーリッグ氏も患《わずら》ったということもあり、我々のチャリティー活動の中でもＡＬＳへの活動は重要な位置を占めている」と続けた。

ヘンリー・ルイス・ゲーリッグ。１９０３年6月19日にニューヨークで生まれ、名門コロンビア大学で学んだ生粋のニューヨーカーで、23年から39年までヤンキース一筋の男だ。

彼の16年はメジャーの歴史に刻まれるほど濃密であり、強烈なインパクトを残した。

特筆すべきなのは、2130試合連続出場記録である。しかも26年から38年まで13年連続100得点以上を記録。31年には184打点というアメリカン・リーグ記録を樹立し（150打点以上が7度）、34年には三冠王を獲得した。生涯打率は3割4分、5度の40本塁打以上で493本塁打をマーク。彼のレコードブックには、首位打者、3度の本塁打王、5度の打点王、2度のMVPと輝かしい記録が並んでいる。

その頑丈さから、「アイアンホース」と称された男も、ALSという不治の病に侵されていた。39年は開幕から体調がすぐれず、8試合に出場して28打数4安打となったところで、5月2日に自ら欠場を申し出て、連続試合出場に終止符を打った。

7月4日に、球団はヤンキースタジアムで「ルー・ゲーリッグ感謝デー」を開催。引退セレモニーでは6万人のファンから「ゲーリッグ」コールが湧き上がり、ゲーリッグは、「地球上で最も幸せな男」という名スピーチを行った。

ゲーリッグの偉大さは、グラウンドを去ってからも続く。引退から数カ月後には36歳という史上最年少で野球殿堂入りを果たした。野球殿堂は引退後5年という選考基準があったが、選考委員会は彼の病気を考慮して特例措置を決めたからだ。

だがゲーリッグは殿堂入り式典に参加することなく、41年6月2日、妻のエレノアに見守られながら、37歳の若さでこの世を去った。この日は、２１３０試合連続出場記録が始まった日から数えて16年後だった。そしていつしか、不治の病は「ルー・ゲーリッグ病」と呼ばれるようになった。

ゲーリッグの不屈の精神に敬意を表したヤンキースは、彼の背番号「４」を永久欠番にした。これがアメリカのプロスポーツ史上初の永久欠番でもあった。

ルー・ゲーリッグの半生

１９２３年４月30日　ヤンキースと正式契約。
１９２５年６月１日　本拠地でのセネターズ戦に代打で出場。ここから２１３０試合連続出場記録が始まった。
１９２７年６月23日　フェンウェイパークでのレッドソックス戦で、球団史上初となる１試合３本塁打を放った。
１９３９年４月30日　セネターズ戦に出場し、４打数無安打だったが２１３０試合連続出場記録を達成。

1939年5月2日　敵地でのタイガース戦に欠場し、連続試合出場記録が途切れた。
1939年7月4日　球団は「ルー・ゲーリッグ感謝デー」を開催。セネターズとのダブルヘッダーで第1試合終了後、ゲーリッグは、「地球上で最も幸せな男」という名スピーチを行った。
1940年1月6日　背番号4番は永久欠番に。
1941年6月2日　37歳の若さで、この世を去った。

RE“2”PECT

愛すべき男、D・ジーター引退式

2014年9月7日。デレク・ジーター引退式。4万8110人に埋め尽くされたヤンキースタジアムに、背番号「2」があふれていた。開門を待ちわびたファンの背中、ナインの帽子には、ヤンキースに20年間を捧げた男の背番号「2」が刻まれていた。

あの年、ナイキが手がけた「RE 2 PECT」というCMが全米の話題をさらった。NY市民から映画監督スパイク・リー、俳優ビリー・クリスタル、そして、マイケル・ジョーダンが、ジーターのトレードマークである帽子のつばに手をかけていく。「敬意」を表す「RESPECT」の「S」がジーターの背番号「2」にかかっている感動のストーリーCMだ。

「個人的には世界で最高の仕事をしていると思っている。ヤンキースのショートは世界で一人しかいないから……」。ジーターを見つめるのは、元指揮官のジョー・トーリ氏のほか、マリアノ・リベラ氏や松井秀喜氏をはじめとする元戦友たち。さらにジョーダンやカル・リプケン・ジュニアという時代を築いたスターたち。一人の男の引退式に集まった顔ぶれを見ただけで、彼がどれほど素晴らしい足跡をアメリカのスポーツ史に残したかがわかる。

私がジーターを最初に見たのは、3Aのコロンバス・クリッパーズ時代。細身だったが躍動感溢《あふ》れる身のこなしに目を奪われた。ヤンキース昇格後も、クラブハウスの立ち居振る舞いは、メジャーリーガーのお手本だった。

いつ何時も変わらぬ野球に対する真摯《しんし》な姿勢は、ホームでは歓声に後押しされ、アウェイではブーイングで迎えられ、長きにわたって証明されてきた。

ジーターとの忘れられない思い出がある。チームが負ければ、必ずロッカールームに最後まで残り、NYの辛辣《しんらつ》なメディアからの厳しい質問に対し、全責任を負った。逆に勝てば、自分はいち早く球場を去り、活躍した選手にスポットライトを浴びせるような男だった。

そのことを聞けば、彼はこう言った。

「ヤンキースにいる限り、どれだけチームのためにプレーできるかが問われている。勝っても、負けても、それを受け止めるだけの覚悟はできている」

その瞬間、身震いした。

メジャー歴代6位となる3465安打。00年には、オールスターとワールドシリーズ両方のMVPを同じ年に受賞した唯一の選手となった。ヤンキースの第11代キャプテンとして、5度のワールドシリーズ制覇。若い頃から慈善活動にも積極的だった。自ら立ち上げた「ターン2ファウンデーション」で、反薬物の啓発や奨学金の給付などに取り組み、09年には、好成績を挙げると同時に社会福祉や地域奉仕に貢献した選手に贈られるロベルト・クレメンテ賞にも輝いた。

引退声明文にこんな一節がある。

「ニューヨークの人々なしに、私はなかった。ファンの皆さんはいつも私がベストを尽くすよう押し上げてくれた。私を愛し、尊敬し、そしていつも私とともにいてくれた。こうした状況は時に苦しく、攻撃的になったり、過酷な環境にも成り得る。また、この街の人々は大きな期待を抱き、そして我々がそれに見合うかどうか、という不安も抱く。

しかし、私に試練を与え、励まし、叩きのめし、そして立ち上がらせてくれたのは、すべてファンの皆さんだった」

多分、これからも偉大な記録を打ち立てる選手は数多く生まれるだろう。しかし、である。彼ほど選手としても、また人間としても、リスペクトされる選手は生まれるだろうか。私が取材した中で、最も尊敬すべきアスリートだと断言できる。

彼と同じ時代に生き、その雄姿を取材できたことは、間違いなく仕事冥利に尽きる。

デレク・ジーター引退声明文

まずは「ありがとう」から始めたい。「夢を見てもやがて醒める」と、人は言う。しかしどういうわけか、私はこれまで一度も目を覚ます必要がなかった。ニューヨーク・ヤンキースの選手として過ごしてきた時間だけでなく、毎日が夢の中を生きてきたからだ。

昨年は苦しい1年だった。たび重なる故障に苦しみ、それまでいつもやさしく楽しく感じていたプレーを、苦痛に感じ始めている自分に気がついた。

常に自分自身に言い聞かせてきたことがある。野球を仕事と感じ始めたとき、それは新しい一歩を踏み出すときである、と。

今シーズンが最後だと感じ始めたのは、数カ月前のことだった。決断を下し、友人と家族に話したが、100%の確信を持つまでは何も話すなと、全員から言われた。そしていま、これ以上の確信はできないほど、確信しているし心でもそれを理解している。14年シーズンが野球選手として、最後の1年になる。私はこれまでのキャリアの中で、数々の素晴らしい瞬間を味わってきた。新人のショートとしてワールドシリーズを制覇し、ヤンキースのキャプテンに任命され、旧ヤンキースタジアムの最後、そして新ヤンキースタジアムの幕開けに立ち会えた。私は常に、次なる目標を追い求めてきた。そしていま、ついにその旅を終わらせようと思う。この20年間、私は常に2つのことだけに集中してきた。自分のベストを尽くすこと、そしてヤンキースの勝利に貢献すること。それはつまり、1年365日、その目標にのみ向かってあらゆることを考えて、行動を起こしてきたということだ。そしていま、新しい何かを求めるときがきた。

少年の頃から、とても鮮明に、私の夢は変わらなかった。ニューヨーク・ヤンキースのショートになりたかった。20年前、真っ白なキャンバスから始まり、そしていまそれを見ると、その画はほぼ完成している。こんなにも素晴らしいものになろうとは、まったく想像もしていなかった。数え切れないほどたくさんの人々がこの旅に寄り添い、そして私を助けてくれた。

「ザ・ボス」ことスタインブレナー家、ヤンキースに携わるすべての人々、すべての監督、コーチ、チームメート、友人、そして何よりも私の家族たちには、特に感謝したい。皆さんから私は素晴らしい人生の教訓を学び、それは私がこれだけ長く旅を続けることができた最大の理由だ。誰もがグラウンドに立てるわけではなかったが、皆が私とともに毎日試合を戦ってくれた。そして、私がキャリアを終える準備もできていると思う。

また、ニューヨークの人々なしに、いまの私はなかった。ファンの皆さんはいつも私がベストを尽くすよう押し上げてくれた。私を愛し、尊敬し、そしていつも私とともにいてくれた。こうした状況はときに苦しくなったり、攻撃的になったり、過酷な環境にも成り得る。また、この街の人々は大きな期待を抱き、そして我々がそれに見合うかどうか、という不安も抱く。しかし、私に試練を与え、励まし、叩きのめし、そして立ち上がらせてくれたのは、すべてファンの皆さんだった。

ニューヨークは私を強くし、より優れた人間になることに集中させてくれた。そのことに、私は永遠に感謝し続ける。ニューヨーク以外のどこかでプレーする自分を想像できたことがない。

私は何一つ忘れないだろう。声援、ブーイング、すべての勝利と敗北、移動の飛行機やバス、クラブハウス、グラウンドへ向かう通路、そして自宅とブロンクスを往復する道。私は自らが設定した、個人的、そしてプロフェッショナルとしての目標を、ほぼすべて達成してきた。ベースボールをプレーすることに人生の大半を費やし、そしてそのことをまったく後悔していない。

いま、次の章に進むときである。私は新しい夢と情熱を持っていて、新しい挑戦を探している。ビジネスや慈善活動でやりたいことが多くあり、私生活も充実させていきたいし、自分自身の家族を築きたいとも思っている。自分のペースで世界を知るために活動し、さらには夏休みだってほしい。

でもその前に、私は今年過ごす毎日のすべての瞬間に浸りたい。この1年を生涯覚えていられるように……。そして最も大切なことは、ヤンキースの世界一にもう一度貢献したいということだ。

もう一度、ありがとう。

ニューヨーク・ヤンキース　デレク・ジーター

The Legend

〝中年の星〟日米の最年長勝利投手に乾杯！

２０１４年９月５日。
胸が熱くなった。マウンドには「49歳25日」のプロ野球史上最年長登板の山本昌《やまもとまさ》がいた。阪神打線を相手に5回を5安打無失点に抑え、最年長勝利投手となった。１９５０年に阪急の浜崎真二《はまさきしんじ》が中継ぎでマークした、最年長勝利のプロ野球記録（48歳４カ月）を64年ぶりに更新した。

「本当に皆さんに感謝しています」。お立ち台の第一声は、感謝の言葉だった。年齢を感じさせない躍動感のある投球フォームだった。山本昌は浜崎が50年にマークした48歳10カ月の最年長登板、最年長出場、最年長先発のプロ野球記録を更新。自らの持つ最年長先発勝利記録も更新した。さらに、翌15年には一軍公式戦出場の実働年数が29年となり、プロ野球記録に並んだ。

「どうして、ここまで頑張れるのか」。こう聞かれた山本は、笑顔を交えて答えた。
「わからないけど、これで終わりではないので、また頑張りたいと思う。しつこい性格なので、希望を持って調整してきた。チャンスをもらえたら、頑張ろうと思っていた。できすぎぐらいで嬉しい」

ナゴヤドームの「国宝　山本昌」という応援ボードが眩しかった。

山本氏が64年ぶりにプロ野球記録を塗り替えたならば、メジャー記録も特筆すべきものがあった。

12年4月17日。コロラド・ロッキーズのジェイミー・モイヤーがパドレス戦に先発し、80年ぶりにメジャー最年長勝利記録を更新した。モイヤーは「49歳151日」での勝利で、32年にドジャースのジャック・クインが記録した「49歳74日」を更新。しかも、48歳のときに左肘靱帯の再建のためにメスを入れたモイヤーにとって、この勝利は2シーズンぶりの復活勝利だった。印象に残っている言葉がある。手術直後に、「スーパーマンは帰ってくる」と自らの財団のフェイスブックに書き記し、有言実行で示したことだ。

遅咲きの男だった。8球団を渡り歩き、30代まで34勝54敗と、何度も自由契約という屈辱を味わった。才能が開花したのは30代に入ってからのこと。6球団目のシアトル・マリナーズに移籍してからだった。当時、チームメートだった長谷川滋利《はせがわしげとし》氏がモイヤーについて、「ルーティンワークを欠かさなかった。それが長く続く一番の理由」と振り返るように、最速80マイル（約129キロ）のストレートでも、チェンジアップとの緩急を交えた抜群の制球力で凡打の山を築いた。38歳で初の20勝の大台に到達すると、40歳で自己最多となる21勝を記録。40代に入ってからは、6度の2ケタ勝ち星をレコードブックに載せたほどだ。

「スーパーマンが帰ってきてくれた」。長年、モイヤーを支えたカレン夫人は、80年ぶりにメジャー記録に名を刻んだ夫を讃えた。

ソチ五輪で葛西紀明《かさいのりあき》がノルディックスキー・ジャンプ男子の個人ラージヒルで銀メダル、団体で銅メダルを獲得してから、〝中年の星〟は「レジェンド」と形容されるようになった。モイヤー、そして山本も引退したが、横浜FCの〝キング〟こと三浦知良《みうらかずよし》はいまだ現役。そんな姿を見るたびに、同世代の一人として、背中を押されているような気分になる。

日米のレジェンドたちに、心からの敬意を表して、「乾杯！」。

MVP & "Cy" Young

〝現役最強左腕〟カーショーが手に入れたいもの

もしも日米野球のマウンドにこの男が上がっていたら……。そう思わずにはいられない〝現役最強左腕〟が、ロサンゼルス・ドジャースのクレイトン・カーショーだ。

２０１４年シーズンは、オーストラリアでの開幕投手を務めたカーショー。しかし、その直後に故障し、１カ月以上も故障者リスト入り。暗雲が垂れ込める中でも、やはり彼はただ者ではなかった。６月18日に行われたコロラド・ロッキーズ戦では15三振を奪って無安打無得点を達成。もし、ハンリー・ラミレスがエラーをしなければ完全試合だった。27試合に登板して自己最高成績となる21勝３敗（完投数６はメジャーで最多）、２３９奪三振を記録し、防御率１・77と、他の追随を許さない数字だった。

全米野球記者協会会員によるＭＶＰ投票で30人中18人の１位投票を得て、３５５ポイントを獲得。次点となるマイアミ・マーリンズのジャンカルロ・スタントンの２９８ポイント、ピッツバーグ・パイレーツのアンドルー・マカチェン外野手の271ポイントに大差をつけた圧勝だった。これだけではなかった。投手の最高の賞であるサイ・ヤング賞では全30人から1位投票を獲得。満票での受賞はナ・リーグでは14度目の栄誉で、ここ4シーズンで3度目となるサイ・ヤング賞を手にした。

MVPとサイ・ヤング賞のW受賞は、11年のデトロイト・タイガースのジャスティン・バーランダー以来となる史上11人目。ナショナル・リーグでは、セントルイス・カージナルスのボブ・ギブソン氏以来、実に46年ぶりの快挙だ。

カーショーは、高校時代から注目された逸材中の逸材だった。高校3年生のときは13勝無敗であらゆる賞を総ナメにした。06年のドラフトで、ドジャースから1位指名を受け、「ドジャースの屋台骨は10年以上安泰」と言わしめたほどだ。ドラフトの高評価がプロ入り後も続くほど、メジャーは甘くないが、彼は別格だった。08年のメジャー初昇格から今日まで、進化は止まらなかった。

14年1月に、メジャーの投手史上最高となる7年総額2億1500万ドル（約230億円）で契約延長したカーショー。メジャーに君臨する男はフォーシーム、スライダー、カーブ、チェンジアップを自在に操る。両コーナーを巧みに突く制球力で、しかもすべてが決め球になる完成度の高さが持ち味だ。さらに、どの球種を投げても同じ腕の振りで、しかも球持ちがいい。打者は翻弄《ほんろう》され、「手も足も出ない」と感じさせる投手なのである。

しかし、カーショーにも、いまだに手に入らないものがある。14年もドジャースをプレイオフに導いたが、カージナルスとのナショナル・リーグのディビジョン・シリーズでは2試合に登板して12回2／3を投げて11失点で、すべてのゲームで敗戦投手となった。それでも最高のシーズンだった。ＭＶＰに輝き、通算3度目となるサイ・ヤング賞を獲得した。

15年は夏以降に復調し、メジャー最多となる232回2／3イニングを投げ、リーグ3位の防御率2・13、同6位の16勝を記録し、3度目となる最多奪三振王を獲得。しかし、3年連続のサイ・ヤング賞や4年連続の最優秀防御率賞は獲得できずに、連続記録は途切れてしまった。プレイオフでも、ディビジョン・シリーズのメッツ戦の第1戦と第4戦に登板したが、チームは2年連続第1ラウンドで敗退する結果となった。これでプレイオフでの通算成績は2勝6敗（そのうち、カージナルス戦で4敗）となり、ポストシーズンでの悪いイメージを払拭《ふっしょく》できなかった。

今度こそ、悲願の世界一を獲得し、〝現役最強左腕〟にふさわしい、左手に輝くチャンピオンリングが見たいと、心から思っている。

68th Anniversary

いつまでも色あせないJ・ロビンソンの勇気

メジャーリーグにとって、毎年「4月15日」は特別な日だ。1947年、ジャッキー・ロビンソンがブルックリン・ドジャースで、黒人初のメジャーリーガーとして、グラウンドに立った。

言葉にすれば、わずか数行のできごとだが、当時の人種差別社会の中で、アフリカ系アメリカ人がプレーすることは生半可なことではなかった。まさに命懸けの決断だった。

そのロビンソンの背中を押した男たちもいた。当時のブルックリン・ドジャースのオーナーだったブランチ・リッキーは、オーナー会議で「15対1」の猛反対を受けながらも、ロビンソンと契約。第2代コミッショナーのハッピー・チャンドラーはこれを支持し、ナショナル・リーグ会長のフォード・フリックも、対戦を拒否した選手には出場停止処分を科すと発表。彼らはメジャーに新たな歴史をつくった同志だった。

球場ではファンからやじられ、味方からも嫌がらせを受けた。それでも、ロビンソンは紳士的な態度をとった。自分が他の人種となんら変わらないプレーをグラウンド上で見せ続ければ、いつかきっとわかってくれる。ロビンソンは28歳でメジャー・デビューしたその日から、信念を貫き通した。


97年4月15日。ロビンソンの背番号である「42」が全球団の永久欠番とされた。そして、メジャーでは2004年からこの日を「ジャッキー・ロビンソン・デー」とし、08年からは4月15日のゲームで全選手が背番号「42」をつけてプレーすることになった。

ロビンソンの功績に敬意を表して、毎年活躍したルーキーに贈られる新人賞は、「ジャッキー・ロビンソン賞」と呼ばれている。日本選手のパイオニア・野茂英雄も95年に受賞した。

今年も、すべての選手が、背番号「42」をつけてグランドに立った。白人も、黒人も、アジア人も関係なかった。そこにいたのは、プレーすることを許されたメジャーリーガーだけだった。

以前、レイチェル・ロビンソン夫人に話を聞く機会があった。

「一人の勇気が世界を変えられる。野球が世界に広がり、世界中の多くの若者がメジャーでプレーするチャンスが増えれば、きっとジャッキーも喜ぶでしょう」

本名、ジャック・ルーズベルト・ロビンソン。彼の残した〝勇気〟を知るとき、心が震える。肌の色、国籍、目の色に関係なく、彼は純粋に野球がしたかったのだと思う。その勇気に心からの拍手を送り続けたい。

The all-time hit king

永久追放処分。P・ローズ氏の〝天国と地獄〟

ピート・ローズ。メジャー通算最多安打記録となる「４２５６本」のヒットをスコアブックに刻んだ男だ。１９８９年8月に野球賭博行為により、当時のバート・ジアマッティ・コミッショナーから永久追放処分を宣告された。

シンシナティ・レッズの本拠地で、２０１５年7月14日に開催されるオールスター戦を中継する「ＦＯＸテレビ」が長年レッズで活躍したローズ氏を特別解説者として起用すると発表。全米規模で賛否両論の声が再燃した。追放処分で球場には立ち入り禁止のため、スタジオでゲーム解説を務めることになるが、全米中継の顔としての起用になる。

メジャー在籍24年間で４２５６安打の金字塔を打ち立て、３度の世界一。63年の新人王から始まり、73年にはナショナル・リーグＭＶＰ、17度のオールスター出場は非の打ち所がないキャリアの持ち主だ。5つのポジションをこなし、ダイビングヘッドなど、アグレッシブなプレーはファンからの熱狂的な支持を集めた。

ローズ氏の球界復帰に関してはこの26年にわたり、事あるごとに議論が交わされてきた。新コミッショナーに就任したロブ・マンフレッドは、ローズ氏の弁護士から処分撤回要請を受け、再検討を示唆した。また、マンフレッド・コミッショナーは「レッズのオーナーと話し合った結果、オールスターの公式行事への参加を認める」という考えを示した。

過去、ローズ氏は99年のワールドシリーズで「オールセンチュリー・チーム」に選出されたときと、13年にレッズの本拠地で開かれた75年、76年の世界一の記念セレモニー列席時の2回だけ、MLB機構から特別許可が下りたこともあった。今回のオールスター戦は、それ以来の表舞台への登場となった。

永久追放処分ということは、野球殿堂入りの資格がない。彼のような選手にとっては、それは最も辛いことの一つなのだろう。自らの手で〝天国と地獄〟を味わってきたローズ氏がこれまで何もしなかったわけではなかった。97年9月には初めての復帰要請をしたし、02年11月には当時のバド・セリグ・コミッショナーと面会もしている。そして、15年1月に2度目の、資格回復の申請をしたのだ。

ＭＬＢ機構は15年12月14日、「ローズ氏の処分解除要請を却下する」と発表。マンフレッド・コミッショナーは、「ローズ氏は現在でも野球を含めたプロスポーツの賭け事をやっている」と声明文を出した。一方のローズ氏は、「（結果に）失望している。私はギャンブル依存症ではない」と全面否認の構えだ。

アメリカはセカンドチャンスの国といわれる。75歳になったローズ氏に、そのチャンスは果たしてやってくるのだろうか。

Switch-pitcher

20年ぶりの快挙！異色の両投げ投手誕生

それはメジャーの歴史に新たな1ページを刻んだ瞬間だった。

オークランド・アスレチックスのパット・ベンディットが両投げ投手として、メジャー・デビューしたからだ。

苦節8年目でメジャーに昇格したベンディットは、2015年6月5日、ブルペンから憧れたメジャーのマウンドに向かった。「最も特別なことはここ（メジャー）にいること」。7回から4番手で登場し、レッドソックスの左打ちのブロック・ホルトを相手に、〝左投げ〟でメジャー第一球を投じた。「左対左」という有利な状況をつくり出したベンディットはフルカウントからスライダーで一塁ゴロに打ち取った。

そして、打席には右打者のハンリー・ラミレス。ベンディットは、両投げ特注のミズノ社製グラブを持ち替えて〝右投げ〟を選択。ラミレスにヒットを許したが、続くマイク・

ナポリをきっちり併殺打に打ち取ってみせた。

最初の7年間はヤンキースのマイナーで過ごし、防御率2・37で52セーブという成績だった。15年からアスレチックスの3Aナッシュビルで、17試合に登板し1勝0敗、防御率1・36、被安打率1割6分7厘という好結果を残し、念願のメジャー昇格。ボブ・メルビン監督は、「彼がここにいる理由はマイナーで好投してきたからだ」と、実力でつかんだことを強調していた。

8回のことだった。右打者を2人抑えたベンディットは、打席にスイッチヒッターのブレイク・スワイハートを迎えた。今度はメジャー史に残る「両投げ対両打ち」対決が実現した。ベンディットはグラブを右手にはめて左で投げるそぶりを見せた。打席のスワイハートが困惑すると、球審がすぐにマウンドに向かった。この勝負は、「右投げ対左打ち」となり、ベンディットが空振り三振に仕留めてみせた。

実はベンディットは、ルールブックを変えた男でもあった。ヤンキースの1A時代、右打席に入った選手を見て、右で投げようとして、打者が今度は左打席に移動。スタンドがざわつくようなやりとりがしばらく続いたため、球審は打者にどちらかに打席を決めるように指示。この一件で、「対戦前に、投手がどちらで投げるかを宣言しなければならない」というルールが新たに加えられたのだ。

ベンディットの両投げは、1900年以降では95年9月28日にモントリオール・エクスポズのグレグ・ハリス以来、なんと20年ぶり2人目の快挙となった。ハリスは89年から94年までレッドソックスで投げていたことがあった。当時のルー・ゴーマンGMが「ゲームの嘲笑になる」という理由で、〝両投げ〟を認めなかった。だから、ハリスの両投げは移籍したエクスポズで実現することになったのだ。

体は一つであり、「左右」のどちらか一方で打ち、投げるのが当たり前の中、ベンディットはその「常識」を覆してみせた。近代野球では、「左投げVS左打ち」や「右投げVS右打ち」がデータ上で、投手に優位なのは明らかだ。打者に応じて投げ方が変えられる彼のような選手は、希少性があり、かつ多くの選択肢をチームに与えることになる。

ネブラスカ州オマハ出身で、元々は右投げだったベンディットは3歳からすでに両投げだったという。「マイナーで7年間。ここまで長い旅路だった。チームのためなら何でもする」。メジャー昇格を知らされ、急きょ荷造りをして飛行機を乗り継いで、フェンウェイパークのマウンドに立った男は、どこまでも謙虚で、力強かった。ベンディットの〝両腕〟がこの先、メジャーの歴史をどう塗り替えるかも楽しみだ。

Big Unit

飛ぶ鳥を落とした身長2メートル越えの〝レジェンド〟

2015年夏、かつてメジャーで「Big Unit（唯一無二の存在）」の愛称で人気だったランディー・ジョンソン氏が、東日本大震災で被害を受けた石巻市の復興支援を兼ねたイベント参加や、NPB（日本プロ野球機構）の熊﨑勝彦コミッショナーを表敬訪問するために来日した。

ジョンソン氏といえば、サイ・ヤング賞に5度輝き、通算303勝、歴代2位の4875奪三振などの記録を残し、15年1月に野球殿堂入りを果たしたメジャー史に残るレジェンドだ。現在は、アリゾナ・ダイヤモンドバックス球団社長特別補佐という肩書きで、編成部門のトップを務めるトニー・ラルーサ氏（監督での勝利数歴代3位）とともに、元広島の前田健太や日本ハムの大谷翔平という将来のメジャー移籍を視野に入れる選手を相次いで視察した。

現役時代、投球動作に入る前に黒のグラブを顔の前で構える威圧感タップリのしぐさが印象的だった。2メートル8センチという圧倒的なサイズから繰り出される160キロ超えのストレートと高速スライダーは、かつて取材した打者の意見を総合すると、「ビルの2階から投げ下ろしてくるような威圧感がある」というものだった。

数々の大記録を打ち立てるとともに、「記憶」にも残るサウスポーだった。いまも語り種《ぐさ》になっているのは、01年3月24日のサンフランシスコ・ジャイアンツ戦。カルビン・マレイに投じた剛速球がなんとマウンドを横切ろうとした鳥を直撃するという前代未聞の珍事が起こった。この考えられないような映像をご覧になった読者の方もいるはずだ。ジョンソン氏が引退後に設立したカメラマン会社は、この一撃でひっくり返った鳥をロゴマークとして使っているほどだ。

ニューヨーク・ヤンキース所属当時のジョンソン氏に、この一件について直撃すると、「あれは自分でも何が起こったかわからなくて、驚いたよ。鳥には悪いことをしたと思うけど、防ぎようがないことだったからね」という言葉が返ってきた。一見すると怖そうな風貌《ふうぼう》だが、実に紳士的で、優しい語り口の親日家でもある。

学生時代はバスケットボールとの二刀流だったが、「この身長を生かせる投手に絞った」と、当時の決断を振り返る。01年にはダイヤモンドバックスで球団初の世界一に輝き、盟友カート・シリングとともにシリーズMVP。ダイヤモンドバックスのユニフォーム姿で殿堂入りも果たし、今後は球団再建に向けて尽力をするという。

89年にモントリオール・エクスポズに入団してから、シアトル・マリナーズ、ダイヤモンドバックス、ヤンキース、そして09年のジャイアンツと5球団で、200億円に迫る生涯年俸を稼ぎ出した。20年のプロ野球人生は、まさに「Big Unit」と呼ぶにふさわしい存在感だった。

My judgement

時代をつくった男の引き際

毎年9月の声を聞くと、スポーツ紙には選手の去就に関する情報が数多く並ぶようになる。2015年シーズン、日本のプロ野球で40歳以上の現役選手（兼任監督、コーチ含む）は22人にのぼった。そのうち、中日の和田一浩《わだかずひろ》（43）や小笠原道大《おがさわらみちひろ》（42）、DeNAの高橋尚成《たかはしひさのり》（40）、オリックスの谷佳知《たによしとも》（42）、楽天の斎藤隆《さいとうたかし》（45）が引退を決断した。引退会見で見せた晴れやかな表情には、幼い頃から続けてきた野球への愛が満ち溢《あふ》れていた。

海の向こうメジャーリーグでも、秋風とともに引退報道が相次いだ。メジャー通算222勝を誇るティム・ハドソンは、「間違いなく、今年が最後のシーズンになる。正しい行動だし、自分と家族にとって、正しいタイミングだと思う」（『サンフランシスコ・クロニクル』紙）と、40歳での男の引き際を語った。

1997年にドラフト6巡目でオークランド・アスレチックスから指名されたハドソン

は、2年後の99年にメジャー・デビューするといきなり21試合に先発して11勝2敗、オークランド移転後に10勝以上したルーキーの中で、最高となる勝率8割4分6厘をマーク。迎えた2年目の2000年、ハドソンはさらに大化けした。自己最多となる20勝を挙げ、初のオールスター出場を果たし、勝率と勝ち星でリーグ1位。サイ・ヤング賞投票ではレッドソックスのペドロ・マルティネスに次ぐ2位と、輝かしいシーズンだった。

また、この年からバリー・ジトやマーク・マルダーとともに、アスレチックスの「ビッグスリー（先発3本柱）」の一角を担い、他球団から恐れられるようになった。3人は03年まで4年連続ポストシーズン出場の立役者となり、その間にチームの勝ち星の半分を超える198勝を挙げる大活躍だった。

FA権を取得したハドソンは、4年総額4700万ドルの大型契約でアトランタ・ブレーブスに移籍。新天地でも、9シーズンで113勝を挙げるピッチングを見せる一方で、08年には右肘にメスを入れるトミー・ジョン手術を行った。それでも10年には17勝をマークし、「カムバック賞」に輝く、不死鳥ぶりだった。

14年からサンフランシスコ・ジャイアンツに移籍したハドソンの代名詞といえば、「シンカー」だ。イチローも脱帽したシンカーの低めの制球力で凡打の山を築き、メジャー歴代屈指のゴロを打たせて取る投手といえる。

「自分の得意球が何かを理解している。マウンドでは常に、自分の投球をすることを心がけている。それは相手がどこの球団でも、どんな打者でも変わらないんだ」

以前、ハドソンは自らの投球哲学をこう話した。

15年9月26日土曜日。アスレチックスは、ジャイアンツ戦の先発投手をジトと発表。5年間アスレチックスで同じ釜の飯を食べた2人が、マウンドで相対することとなった。アスレチックスは引退するハドソンに敬意を表し、27日のゲーム前に〝ビッグ3〟のセレモニーを開催。この3人をスカウト時代に発掘し、現在GM補佐のグレディ・フソが特別プレゼンターとして花を添える粋な計らいだった。

一時代をつくった男たちの引き際に、心からの拍手を送りたい。

American Icon

天国に旅立った史上最高の捕手

２０１５年9月、アメリカの野球ファンは悲しみにくれた。長くヤンキースで活躍し、そして愛されたヨギ・ベラ氏が老衰のため享年90歳でこの世を去ったからだ。

「史上最高の捕手」

ベラ氏がこう称えられる理由は、スコアブックを見れば一目瞭然だ。１９４６年、21歳でのデビュー戦本塁打を皮切りに、18年間ヤンキースでプレーし、メジャー通算２１２０試合に出場。メジャー3年目の48年から15年連続オールスター選出の人気を誇り、49年から10年連続20本塁打以上。通算打率２割８分５厘、３５８本塁打、捕手では歴代最多となる１４３０打点を記録。51年、54年、55年にはシーズンＭＶＰに輝き、捕手として、１４８試合連続出場と無失策の当時のメジャー記録もつくった。

バッティングの特徴は、的確にボールを捉えるショートスイングでコンタクトがとにかくうまい打者として有名だった。その証拠に、1950年シーズンは597打数で三振がわずか12個という驚異的な数字を残している（三振記録を持つマーク・レイノルズは09年に578打数で223個！）。

彼の偉大さはまだまだ続く。メジャーリーガーなら誰しも憧れるワールドシリーズの舞台に14度も立ち、75試合でマスクをかぶり（56年のワールドシリーズでドン・ラーセンとのバッテリーで唯一の完全試合達成）、手にしたワールドチャンピオンリングの数はなんと10個。これは史上最多の数字で、最も破ることの難しい記録の一つといわれている。65年にニューヨーク・メッツで引退したが、ヤンキースやメッツで計7年間も監督として指揮を執り、72年には野球殿堂入りした。

背番号「8」はもちろんヤンキースの永久欠番だが、彼の影響は野球界ばかりではなく、カルチャーも受けていた。

「It ain't over 'til it's over.（ゲームが終わるまで、終わりじゃない）」

「Slump? I ain't in no slump! I just ain't hitting.（スランプ？ そうじゃない！ 当たってないだけだ）」

「ヨギイズム」と呼ばれた独特のセリフは枚挙にいとまがなく、日本のファンでもどこかで聞いたことのあるおなじみのフレーズが多いはずだ。

ニュージャージー州にある「ヨギ・ベラ・ミュージアム&ラーニングセンター」を訪れたことがある。モントクレア大学キャンパスの一角にある同館には、ベラ氏の半生が詰まっていた。10個のワールドチャンピオンリングをはじめ、MVPトロフィーやベースボールカードなどが展示され、野球ファンから遠足の小学生まで幅広く訪れている。ヤンキースタジアムでベラ氏にミュージアムに行ったことを話すと、「日本からもたくさん訪れてくれるといいね」と満面の笑みで答えてくれた思い出がある。

ヤンキースは追悼試合で、背番号「8」をホームプレートに置き、モニュメントパークのベラ氏の盾には献花が行われた。さらに、メジャーリーグと選手会は、新聞に「American Icon（アメリカの偶像）」という全面広告を掲載して、哀悼の意を表した。

本名「ローレンス・ピーター・ベラ」、永遠に。

The Youngest Manager

メジャー最年少監督、誕生秘話

「ヤクルトファンの皆さんが（球場）一面にいたので、いい雰囲気で素晴らしいゲームができました！　ファンの皆さん、優勝おめでとうございます！」

14年ぶり7度目のリーグ優勝を決めたナインの手によって、ヤクルトの真中満《まなかみつる》監督が神宮の夜空に7度も舞った。44歳の新人監督は、2年連続最下位だったチームを見事に再建。新人監督の優勝は、パ・リーグを制したソフトバンクの工藤公康《くどうきみやす》監督に次いで史上19人目で、球団初の快挙となった。

２０１5年シーズン。真中監督が12球団現役最年少監督なら、日本のプロ野球史に残る最年少監督は史上初の完全試合を達成した藤本英雄《ふじもとひでお》だ。下関商業高校で甲子園に2度出場し、明治大学で通算34勝を挙げて巨人に入団。シーズン2年目の１９４３年に34勝（内19完封）をマークし、翌44年には選手兼任だったが、25歳という史上最年少で巨人の監督に就任（その後も46年、56年と57年にも歴任）。投手としては通算２００勝を挙げた。

日本の記録が25歳なら、海の向こうメジャーの歴史もひもといてみたい。最年少監督は、クリーブランド・インディアンスのルー・ブードローだ。42年に選手兼任監督として24歳で就任し、9シーズンを戦い抜いた。ふつうならオーナーやGMが決断する監督人事だが、ブードローは当時のオーナーだったアルバ・ブラッドリーに監督就任を手紙で直訴するという手段に出たのだ。

「当時私はプロ経験4年目の24歳。何も失うものはなかったから、監督就任のことは、誰にも話さなかった。妻にさえも……」（『NYタイムズ』紙）と、就任時の心境を振り返っている。

46年にオーナーに就任したビル・ヴィークは、ブードローを一流のショートと認めていたが、監督としての力量には疑問を呈し、解任をちらつかせていた。オーナーのこの疑問を、地元紙のコラムニストが書くと、1万6000人余りの反対署名が集まり、ブードローは監督の座に留まることになった。

48年には、リーグ初の黒人選手のラリー・ドービー、〝火の玉投手〟の異名を持つボブ・フェラー、〝伝説の黒人投手〟サチェル・ペイジ等の活躍で、ワールドチャンピオンにも輝いている。51年に兼任監督としてレッドソックスに移籍し、メジャー在籍15年で、シュアな打撃を見せて1779安打をマーク。またリーグ守備率1位を8回も記録する名ショートでもあった。40年から49年の10年間にわたり、毎年のようにMVP投票に顔を出し、48年に初受賞。オールスター出場7回や首位打者1回という記録を残し、引退後は30年間も解説者をしながら、70年に野球殿堂入りをしている。

そして、もう一つ。ブードローには戦略家の顔もあった。彼を一躍有名にしたのがメジャー史に残る「ブードロー・シフト」と呼ばれる守備体系だ。レッドソックスの〝最後の4割打者〟テッド・ウィリアムズが打席に入ると、守備陣は投手と捕手を除く野手7人がライト側に移動する変則シフトを敷いた。内野は三塁手を三遊間に置き、一塁手、二塁手、そしてショートのブードローが一、二塁間に寄り、外野はレフトが前進守備で、センターとライトも右寄りに守り、ウィリアムズの引っ張り打法を封じ込める作戦を発案した。

インディアンスの本拠地プログレッシブ・フィールドに行くと、彼の背番号「5」が永久欠番として掲げられている。「何か夢を見て、それを叶えるには、トップになるための努力あるのみ」。これは、野球の殿堂入りで残したブードローのスピーチの一節だ。自らアクションを起こし、メジャー史に残る最年少監督の座に就いた男の言葉だからこそ、説得力がある。

ヤクルト・山田の38年前とメジャー伝説の3連発男

２０１５年の日本シリーズでヤクルトの山田哲人《やまだてつと》が３打席連続本塁打の離れ業を見せ、プロ野球史に名前を刻んだ。日本一は逃したが、後世に語り継がれる10月のストーリーとなった。

山田を見ていて、ニューヨーク・ヤンキースのレジー・ジャクソンの名前がすぐ頭に浮かんだ。

１９６６年にカンザスシティー・アスレチックス（現オークランド・アスレチックス）からドラフト１巡目指名を受けたジャクソンは、翌年メジャー・デビューし、本塁打王や打点王を獲得してメジャーを代表するスラッガーとして歩み続けた男だ。ワールドシリーズ３連覇に貢献し、押しも押されもせぬスターとなったジャクソンは、オリオールズでプレーした後、5年総額290万ドルという大型契約で、ヤンキースにFA移籍した。

ジャクソンはヤンキース1年目の77年から32本塁打、110打点をマークし、ワールドシリーズ進出を牽引。雌雄を決する相手は、名門ロサンゼルス・ドジャースだった。ヤンキースが3勝2敗と王手をかけて迎えた第6戦。ジャクソンの伝説が生まれた。満員に膨れ上がったヤンキースタジアムで、ドジャース先発バート・フートンから4回に初球をライトスタンドに運ぶ逆転2ランを放つと、5回にはエリアス・ソーサからまたしても初球をライトスタンドへ、さらに8回にはチャーリー・ハフから再び初球をとらえて、ベーブ・ルース以来となるワールドシリーズ1試合3本塁打の離れ業をやってのけた。すべて初球打ちの3打席連続本塁打で1試合5打点を記録。場内から湧き起こる「レジー！　レジー！」の大合唱は、鳥肌ものの瞬間だった。

このシリーズは、打率4割5分、5本塁打、8打点の大活躍でヤンキースを15年ぶりのワールドチャンピオンに導き、自身2度目のMVPを受賞し、シリーズ男になった。この年のシリーズ5本塁打はいまもメジャー記録であり、これ以降、ジャクソンは「Mr. October」と呼ばれ、毎年この時期になると、必ずどこかで「伝説の3連発」の映像が流れるようになった。

この記録を達成したのは、11年のセントルイス・カージナルスのアルバート・プホルズ、

12年のサンフランシスコ・ジャイアンツのパブロ・サンドバルと、ジャクソンの過去3人だけだ。

打席でバットを立て、軸がブレない打撃フォームから、来たボールに対して、最短距離でバットが出てくる。スタンドに打ち込まれたホームランは「突き刺さる」という表現が当てはまるような弾道だった。以前、タンパでのスプリングキャンプ中、ジャクソンにこの3連発について尋ねると、「打席に集中することだけしか考えていなかった。『Mr. October』と呼ばれることは、大変光栄だね」と終始笑顔だった。

さらに、ヤンキースには、「Mr. November」と呼ばれた男もいた。第11代キャプテンのデレク・ジーターだ。

01年のワールドシリーズは、アリゾナ・ダイヤモンドバックスとの間で開催された。この年はニューヨークで起きた同時多発テロ事件の影響で、同シリーズ開催が史上初めて11月にずれ込んだ。

ダイヤモンドバックスが2勝1敗でリードした第4戦。負ければ王手をかけられる状況で、ヤンキースが9回2死からティノ・マルチネスが起死回生の同点2ランで追いつくと、10回2死からジーターがキム・ビョンヒョンの外角球をライトスタンドに運ぶ劇的なサヨナラホームラン。このとき、時計の針は11月1日午前0時を回っていた。早朝、マンハッタンにある道沿いの売店には「Mr. November」の見出しがついた新聞が並んだ。

それにしても、リーグ優勝40回、そしてワールドシリーズ制覇27回のヤンキースだからこそ、ポストシーズンが開催される「10月」や「11月」がニックネームになるような活躍をする選手が生まれるのだろう。

この先、誰が新たな「Mr. October」になるのか、興味は尽きない。

Triple three

山田と柳田を越える男、バリー・ボンズの光と影

ヤクルトの山田哲人とソフトバンクの柳田悠岐《やなぎたゆうき》。2015年の日本プロ野球の主役は間違いなく、この2人だった。野球史で8人しかいない「同一シーズンで3割30本塁打30盗塁」を記録する「トリプルスリー」という快挙を2人そろって達成したからだ。

セ・リーグとパ・リーグから同一シーズンに出るのは1950年のセの岩本義行《いわもとよしゆき》とパの別当薫《べっとうかおる》以来65年ぶり。2人の他には、中西太《なかにしふとし》、簑田浩二《みのだこうじ》、秋山幸二《あきやまこうじ》、野村謙二郎《のむらけんじろう》、金本知《かねもととも》憲《あき》、松井稼頭央と、3拍子も4拍子も、そろった選手が並ぶ。

まずは、プレミア12で侍ジャパンの三番を務めた山田。打率3割2分9厘、38本塁打、34盗塁。本塁打王と盗塁王の同時獲得も史上初めて。さらに、23歳での達成は、53年に西鉄ライオンズ（現西武ライオンズ）の中西太が20歳でマークしたのに次ぐ年少記録だった。

また、史上初のトリプルスリーと首位打者を達成した柳田は打率3割6分3厘、34本塁打、32盗塁。シーズン216安打の西武の秋山（3割5分9厘）を上回った打率は、達成者の中で歴代最高で、出塁率（4割7分）、長打率（6割3分3厘）、得点圏打率（4割7分）、四球（88）という各部門でもリーグトップになり、突出した成績だった。

トリプルスリーの難しさは、「パワーとスピード」という、両立が難しい要素を兼ね備えなければいけないことに尽きる。

海の向こうのメジャーでも、この記録は26回しか達成されていない。なかでも記憶に鮮明に残っているのが、バリー・ボンズだ。90年、92年にピッツバーグ・パイレーツで、96年にサンフランシスコ・ジャイアンツで最多となる3度もやってのけた男だ。野球ファンではなくても、一度は名前を聞いたことがあるだろう。

彼のプロフィールには、通算762本塁打、シーズン73本塁打、長打率8割6分3厘、出塁率6割9厘など、メジャー歴代1位の王冠が輝く。そして、最も破られるのが難しいといわれる史上唯一の「500本塁打500盗塁」を達成した男でもある。

プライドが誰よりも高く、メディアに対しても気難しい面があったが、時折見せる愛くるしい一面もあった。「日本人は親切で、楽しい思い出がある」。日米野球での東京観光の話をしたり、彼にカップラーメンの差し入れをしたのは、いまではよい思い出だ。

鮮烈な光を放つ一方で、その影も色濃かった。06年に地元紙『サンフランシスコ・クロニクル』の2人の記者が『ゲーム・オブ・シャドウズ』というボンズの薬物使用に関する暴露本を出版。ボンズへの風向きは大きく変わった。これにより、99年以降、ボンズが薬物使用に手を染めていた疑惑が浮上し、法廷闘争に発展。15年7月、司法妨害の罪に問われていた事件で、司法当局が連邦最高裁へ上訴しないことを決めて、彼の無罪は確定した。しかし、晩節を汚したことで、彼の球歴は大きく傷つき、いまだ殿堂入りは果たしていない。私自身、「なぜだ?」という残念な気持ちを払拭《ふっしょく》できないまま、今日までいる。

メジャーのスカウトはよく「5ツール・プレーヤー」という言葉を使う。⑴ hitting for average（打撃のミート力）、⑵ hitting for power（打撃のパワー）、⑶ base running skills and speed（走塁スキルとスピード）、⑷ fielding ability（守備力）、⑸ throwing ability（送球力）。この5項目で選手の素質を見抜くが、間違いなくボンズにはそのすべてが高い次元で備わっていた。

その証拠に、ボンズは「トリプルスリー」よりもさらに難しい「3割40本塁打40盗塁」を達成したこともある。これは、歴代4人しか達成者がいないほど偉大な記録だ。柳田や山田には、自らの力だけでこの高みを是非狙ってほしい。

Vin Scully

「ヒデオ・ノモ」のノーヒッターを実況した名アナウンサー

その声を初めて聴いたのは、1989年のことだった。ロサンゼルス・ドジャースの実況アナウンサー、ビン・スカリーの伸びやかで、ロスの青空に響き渡るような声に、心を奪われた。

スカリーは50年のブルックリン・ドジャース時代から実況アナウンサーを担当。これまでワールドシリーズ25回やオールスターゲーム12回を全米に伝え、3度の完全試合を筆頭に、74年のハンク・アーロンの通算715号ホームラン、2001年にバリー・ボンズがシーズン最多本塁打記録を更新した71号ホームラン、そして、野茂英雄のノーヒット・ノーラン（計19回のノーヒッターを実況）など、メジャー史に残る場面を数多く実況してきた。

15年9月24日、ドジャースタジアムで行われたダイヤモンドバックス戦で、実況歴「65年5カ月22日」を迎え、「一つのチームで最も長く実況を続けたアナウンサー」としてギネスから認定を受けた。

メジャーの実況アナウンサーや解説者は、球団が独自の裁量で個人と契約するケースがほとんどだ。だから、遠征時でも、球団のチャーター機で選手と一緒に移動することになる。また、ゲーム前にグラウンドで行われるさまざまなイベントの司会をすることもある。現在、ドジャースは実況アナウンサー、解説者あわせて14人と契約し、スカリーを含む3人の英語アナウンサーがスプリングキャンプ、レギュラーシーズン、ポストシーズンまで担当している。

一方、全米中継の放映権を持つスポーツ専門ケーブルテレビ「ＥＳＰＮ」などは、放送局がアナウンサーや解説者と契約している。ほとんどが大リーグ中継のたたき上げばかりで、日本の局アナとは異なる。

スカリーの実況で一番印象に残っているフレーズは、「High fly ball（高く舞い上がったフライだ！）」だった。特にラジオから流れてくる彼の声を聴くと、デーゲームで空高く上がったフライが、まるでドジャースタジアムにいるかのように感じられるからだ。

すでに、82年には野球殿堂入りも果たした伝説のアナウンサーだが、ここ数年、高齢からくる体調問題などがあり、毎年のように引退がささやかれてきた。「引退か、現役続行か」。それはスカリーの高いプロ意識ゆえの悩みだったと思う。緻密《ちみつ》な取材を繰り返し、選手や球団のデータはもちろん、プライベートや野球以外の話題まで盛り込んだ実況は試合終了まで飽きさせなかった。

「まだサヨナラを言うのは難しい」。8月下旬、来シーズンも放送席に座り、実況アナウンサーを続けることが発表された。スカリーの別名は、「Voice of Los Angels（ロサンゼルスの声）」。彼の実況は、聴いていてストレスがない。まさに、名調子であり、不世出の実況アナウンサーである。

スカリーの美声がロスの青空にまた、響き渡る。

ニューヨーク市長公認の「デレク・ジーター・デー」と
銘打たれたヤンキースのデレク・ジーターの引退セレモニーには、
ジョー・トーリ元監督や松井秀喜氏、そして、
「バスケットボールの神様」マイケル・ジョーダン氏も登場した。

第4章

ベースボールは文化だ！

No.1 Pick

未来を担う男、忘れるべからず！

メジャーの未来を担う男は誰だ！

毎年6月の声を聞くと、ニュージャージー州セコーカスで楽しみなドラフトが開催される。日本のように競合した際のクジ引きはなく、前年の勝率最下位の球団から指名する完全ウエーバー制で、3日間で40巡目1215人が指名される桁違いの規模だ。

「アメリカで1番の選手になる目標がある」

これは2014年のドラフト全体1位指名を受けたブレイディ・エーケンの喜びの言葉だ。当時3年連続勝率最下位で、指名権を得ていたヒューストン・アストロズが、最速156キロの本格派左腕エーケンを指名。前年9月に行われたU18W杯決勝で桐光学園の松《まつ》井《い》裕樹《ゆうき》（現楽天ゴールデン・イーグルス）に投げ勝って、金メダルに貢献。カテドラル・カトリック高の3年時には対戦した228人の打者のうち、111人を三振で打ち取った全米期待の星だった。

1965年のドラフト制度施行以降、高校生左腕が全米1位指名されるのは、73年のデービッド・クライド、91年のブライエン・テイラーに次ぐ史上3人目の栄誉となった。しかし、アストロズとエーケンの契約交渉は残念ながらまとまらずに、翌15年のドラフトでクリーブランド・インディアンスからドラフト1巡目（全体17位）で指名されて、念願のプロ入りを果たした。


14年はトップ10指名のうち7人までが投手で、全指名選手では53・77％を占める。そのうち右投手が38・8％を占め、一にも二にも投手がほしい各球団の台所事情が見てとれた。また、ポジション別では外野手、捕手、遊撃手という順だった。輩出校で見ると、ミシシッピ大が9人、フロリダ州立大、スタンフォード大、オレゴン州立大などの常連校も8人で続いた。

変わり種としては、パドレスが28巡目でテキサス農工大フットボール部のQB（クォーターバック）ジョニー・マンゼルを内野手で指名。マンゼルはNFL（ナショナル・フットボール・リーグ）のクリーブランド・ブラウンズから1巡目指名され、すでに入団を決めているが、二刀流になるか注目された。また、ナショナルズは15巡目で野球殿堂入りしたカル・リプケン氏の息子ライアン・リプケン内野手。そして、ヤンキースは29巡目で歴代セーブ王のマリアノ・リベラ氏の息子マリアノ・リベラ3世投手を指名。二世選手として話題を振りまいた。

毎年生まれるドラフト1位は、未来への約束手形といわれる。65年のドラフト元年に10万ドルで契約したリッキー・マンディから始まったドラフト史だが、11年にパイレーツに入団したゲリット・コールがついに800万ドル（約8億円）の史上最高額にまで高騰。また、13年のドラフト1巡目の平均契約金は264万1538ドル（約2億6千4百万円）という史上2位の高額となった。各球団が新人選手にかける期待の大きさが金額にも表れている。

その一方で12年まで、マット・ブッシュ（04年）、ブライエン・テイラー（91年）、スティーブ・チルコット（66年）の元ドラ1選手たちが、メジャーの檜舞台に一度も上がることができなかった。

「ブレイディ・エーケン」。彼がどんな野球人生を送るのか。この男、忘るべからず！

Not Similar

ワールドカップとWBCは似て非なるもの

2014年6月。4年に1度のサッカーの祭典ワールドカップが幕を開けた。メジャーのクラブハウスでも、ワールドカップの話題は欠かせない。アメリカは移民国家だから、家族のルーツ国を含めて、熱い声援が飛ぶ。

これまで野球の世界規模の大会はIBAF(国際野球連盟)のワールドカップやオリンピックなどしかなかった。しかし参加国が少なく、また日米のプロが参加しないなど(1998年に解禁)、真の世界一を決める大会とは程遠いものだった。その後、IBAFはISF(国際ソフトボール連盟)とタッグを組んで、WBSC(世界野球ソフトボール連盟)という名称で、オリンピック復帰のための統合団体として、活動を始めた。

そんな中で、MLBが考案したのが、WBC(ワールド・ベースボール・クラシック)だった。05年にデトロイトで開かれた公式会見で当時のバド・セリグ・コミッショナーは「オリンピックに代わる国別対抗戦として野球の国際化に寄与したい」と高らかに宣言した。

ワールドカップは史上最多となる203カ国が参加したが、WBCの最初の2大会は16の国と地域による「招待制」だった。13年の第3回大会からは初めて予選を開催したが、それでも参加国はわずか28の国と地域にとどまっている。

ワールドカップは国際サッカー連盟が主催し、その傘下にアジア、アフリカ、欧州、オセアニア、北中米カリブ、南米の6つの大陸連盟を置いて、その下に各国が加盟する明解な図式だ。一方、MLB機構はIBAF(国際野球連盟)の公認を取りつけながら、主催・運営会社であるWBC社はMLB機構とMLB選手会だけで構成されるなどいびつな構造だ。

WBC社は放映権、スポンサー料、ロイヤルティーなどを一括管理し、大会の収益は半分はMLB側に分配され、それに次いで日本、IBAF、韓国に規定配分される構図だ。WBC社は赤字が出た場合は全額負担を約束しているが、日本代表の連覇によって得られた「ジャパンマネー」は、WBCの大きな成功要因となっている。

ワールドカップは、予選を勝ち抜いた32カ国が文字どおり「国の名誉と威信」をかけて戦う世界最高の舞台だが、ＷＢＣはそうではない。

世界一の称号をかけて戦う大会になるためには、片付けなければならない課題が山積している。なかでも、選手の意識改革が急務だ。過去3回のアメリカ代表が最強チームとはいえないのは結果に加えて、参加メンバーを見れば一目瞭然だ。参加・不参加は選手の自由裁量に任せられている現状、ＷＢＣにワールドシリーズを超える価値を植えつける努力は欠かせない。そうでなければ、「ＭＬＢ」の3文字の国際化という要素が強いままで、メジャーリーグがつくり上げた興行の域を出ることは決してないだろう。

ブラジルで戦った各国代表の闘志とサポーターの熱狂度を目にすると、ワールドカップとＷＢＣは似て非なるものであることを心底実感させられた。

Viva Cuba

日米で過熱するキューバ選手獲得競争

2014年春、日本の野球界が揺れた。それは人材供給源の勢力図が大きく変わる「事件」だった。巨人がキューバ野球連盟との間で、「野球技術の向上と人的交流を目的」とした友好協定を締結。フレデリク・セペダの譲渡契約に合意すると、今度はベイスターズがユリエスキ・グリエルと契約した。

13年9月、キューバ政府は禁止していた国外でのプロ契約を認める方針転換を行った。キューバ政府の狙いは、ズバリ亡命による「人材流出」に対する歯止めだ。メジャーでプレーして大金を稼ぐ夢は止められず、過去何度も大使館に駆け込んだり、ボートでの脱出を図ったり、非合法な手段でその夢を叶《かな》えてきた。

特にキューバ政府にとって決定的だったのは、11年にはヨエニス・セスペデスと、13年8月にホセ・アブレイユという主力級の亡命を止めることができなかった事件だった。結局、〝負の連鎖〟を断ち切るには、キューバ政府が一歩踏み出すしかなかった。

二つ目の狙いは、「外貨獲得」だ。セペダの年俸は1億5000万円、グリエルは契約金と年俸合わせて1億円。キューバで公務員としてプレーする彼らにとっては、年俸の20％を政府に納めるルールでも、大金が手に入るわけだ。また、稼いだ外貨はキューバ革命後に創立されたスポーツ選手養成専門学校に還元され、育成・強化のための資金に充てられるという。

さらにいえば、世界からの孤立を避け、「情報収集」という側面もある。昨今の人材流出の影響で、キューバ野球のレベルダウンが避けられなくなった。ＷＢＣでは、一度も世界一に輝くことはできず限界が見えていた、これまでのやり方にメスを入れるしかなかった。結果を残した日本のスモール・ベースボールや、トップレベルの投手から学ぶ戦略に打って出たわけだ。

だからといって、メジャー側も黙ってはいない。シンシナティ・レッズは第3回ＷＢＣのキューバ代表で活躍し、13年11月に亡命したライセル・イグレシアス投手と契約。20年まで7年総額2700万ドル（約27億4000万円）、契約金500万ドルを含めると総額3200万ドル（約32億4500万円）の大型契約となった。

「亡命」という命懸けの手段が、打ち出の小槌になる可能性を秘めている事実は、いまも昔も変わってはいない。

グローバルな視点で見れば、WBCを機にして、MLBは着実に戦略どおりの成果を上げている。中国やオーストラリアでの開幕戦を成し遂げ、環太平洋の普及活動を牽引《けんいん》している。一方の日本は地理的・歴史的な優位性を利用しているとは決していえずに、メジャーの後塵《こうじん》を拝しているのが実情だ。

しかも14年の年末に、アメリカは1960年代から国交断絶と経済制裁を続けてきたキューバとの間で、国交正常化を決めた。その流れで、15年の年の瀬にMLBを代表してジョー・トーリ団長が率いる使節団がキューバを表敬訪問。その中には、ドジャースのクレイトン・カーショーやタイガースのミゲル・カブレラ等のスーパースターも含まれ、さらに、ホワイトソックスのホゼ・アブレユやドジャースのヤシエル・プイグという元キューバ代表たちが亡命から初めて母国の地を踏んだ歴史的な動きもあり、急速に距離を縮めている。

これだけで終わらなかった。過去1959年にシンシナティ・レッズとロサンゼルス・

ドジャースが、また99年にはボルチモア・オリオールズがキューバ代表と、それぞれ現地で対戦した歴史がある。MLBは16年3月にキューバの首都ハバナでエキジビション・ゲームを開催し、さらに大きな一歩を示すことになった。

これまでのキューバとアメリカの政治的な関係を考えれば、キューバからの人材獲得は日本が独占できる可能性が高い市場ともいえたし、外国人選手の獲得先として、日本球界でその重要性は増していくはずだった。なぜなら、メジャーでプレーしたければキューバ選手は国を捨てて、亡命の道にかけるしかなかった。あらゆるリスクを背負ってメジャーを選ぶか、それとも、政府からのお墨付きを得た日本か、という選択肢であれば、日本にも勝機があった。

しかし、アメリカ政府の大きな方針転換によって、今後日本は劣勢を強いられるだろう。メジャー側は現在、日米間にあるポスティング制度のようなルールづくりをキューバ政府と締結し、金銭的な見返りを与える代わりに、優秀なキューバ選手を獲得したい意向だ。

マネーゲームになれば、日本に勝ち目はなくなるだろう。今後、日米、そしてキューバの3カ国でどんな選手獲得競争が繰り広げられるのか、目が離せなくなった。

Daniel Murphy

あれから70年。いまだ解けない〝ヤギの呪い〟

「美しい」とため息が出た。シカゴ・カブスの本拠地リグレーフィールドを初めて訪れた際の感想だ。球場正面で、トランペット奏者がファンを出迎える。古き良き時代の空気が流れ、太陽の下でベースボールが繰り広げられた。

2014年4月23日。「100周年パーティー!」と書かれた巨大な垂れ幕が、球場正面に掲げられた。開場100周年を迎えたリグレーフィールドは当初、「ウィーグマンパーク」と呼ばれていたが、1927年にオーナーであったウィリアム・リグレーの名前をとって改称され、現在に至っている。

先代オーナーの「野球は太陽の下でやるべきもの」というポリシーから、88年8月8日まで、メジャーで唯一照明設備のない球場であり、現在もデーゲーム中心で日程が組まれている。シカゴは別名「ウィンディー・シティー（風の街）」と呼ばれるほど風が強いが、夏の日のデーゲームは心地よい風が吹き、そのときこそ、リグレーの良さを一番実感できる。

リグレーフィールドは1912年に開場したボストン・レッドソックスの本拠地フェンウェイパークに次いで2番目に少ない収容人数だ。ネット裏席が最も人気がある球場が多いなか、ここで最も人気の高い席はブリーチャーズといわれる外野席。そこに陣取るファンは別名「Bleacher Bums」と呼ばれ、相手チームのホームランボールをすぐさまグラウンドへ投げ返す儀式「Throw it back!」は名物だ。

この球場には、代名詞と呼ばれるものがいくつもある。奇才ビル・ヴィークが1937年に発案した外野フェンスに覆われたツタであり、現在も使われている手動式のスコアボードはつとに有名だ。また、スコアボードにあるポールに、白地に青文字で「W」の旗が揚がればカブスの勝利、青地に白文字で「L」の旗が揚がればカブスの負けを表して、周辺住宅地リグレービルのファンに一目で勝敗がわかる工夫がされている。

さらに、リグレーフィールドでは7回に歌う「Take me out to the ball game」が他球場のように電子オルガンやBGMではない。98年2月18日に亡くなった名物アナウンサーの故ハリー・ケリーが音頭を取って合唱していた伝統を、いまも日替わりで数々のゲストが受け継いでいる。現在5億ドルの改修プロジェクトが進行中だ。ハードやソフト面で「伝統と革新」が上手に同居した、メジャー屈指のボールパークがどんな進化を遂げるか楽しみだ。

熱狂的なファンとは裏腹に、カブスは長い低迷期が続いてきた。1876年、ナショナル・リーグ創設球団で1907年と08年に2年連続ワールドシリーズを制覇したが、それ以降世界一から遠ざかっている。

それでも2015年はカブス・ファンが、7年ぶりにポストシーズン進出に燃えたシーズンだった。アメリカでは15年10月21日の未来から始まる映画『バック・トゥー・ザ・フューチャーPART2』で、カブスが「15年の世界一」と予言していたことから、カブス・ファンの期待感はかなり高まったが、1908年以来、107年ぶりのワールドシリーズ制覇を狙ったカブスはリーグ優勝決定シリーズでメッツの前に4連敗し、またもその夢はついえた。

その理由の一つに挙げられたのが、〝ヤギの呪い〟だった。まずは、その呪いを説明しよう。

レストラン「ビリー・ゴート・タバーン」のオーナーであるビリー・サイアニスは、「マーフィー」という名のヤギを連れて、カブスの応援に行くほど熱狂的なファンだった(当然マーフィーの分のチケットまで買ってだ)。

45年10月6日。デトロイト・タイガースとのワールドシリーズ第4戦。ビリーはこの日もマーフィーを連れて観戦にきたが、この日に限って、「臭い」を理由に入場を断られたという。この対応に激高したビリーは、「ヤギをリグレーフィールドに入れなければ、2度とワールドシリーズで勝つことはないだろう!」と言い放って、リグレーフィールドを後にした。カブスはそれまで2勝1敗でシリーズをリードしていたものの、その後にまさかの3連敗、この日から始まった〝ヤギの呪い〟は解けずに、70年の歳月が流れた。

そして、迎えた2015年のリーグ優勝決定シリーズ。カブスの前に立ちはだかったのは、〝メッツのマーフィー〟だった。ダニエル・マーフィーは打率5割2分9厘、4本塁打6打点の大活躍で、当然のようにMVPを獲得。しかも、プレイオフで6試合連続を含む7本塁打というメジャー新記録を樹立。カブス・ファンにとって、まさに〝リアルマーフィー〟となった。

カブスを苦しめるこの呪いだが、メッツのマーフィー以外にも調べていくと、他にも「マーフィー」がいることに驚いた。

1908年、ワールドシリーズ制覇のカブスのオーナー：チャールズ・マーフィー
1969年、カブスが敗れたメッツのGM（ゼネラル・マネジャー）：ジョニー・マーフィー
1969年、カブスが敗れたメッツのアナウンサー：ボブ・マーフィー
1984年、カブスが敗れた球場名：ジャック・マーフィー・スタジアム
2015年、カブスが敗れたメッツの選手名：ダニエル・マーフィー

〝ベーブ・ルースの呪い〟に苦しめられていたレッドソックスは2004年、ヤンキースに3連敗してから、4連勝というミラクルを起こし、そのままの勢いで86年ぶりの世界一に輝いて、呪いを解いた。この先、カブスの相手チームに「マーフィー」と名前のつく選手や関係者がいるたびに、ファンやメディアは過剰に反応するだろう。これからも、カブスが相手チームだけではなく、〝ヤギの呪い〟とも戦う日々は続いていくのだ。

Royal Blue

青木が牽引したロイヤルズの歴史的快進撃 〝万年最下位〟

もはやカウフマン・スタジアムに閑古鳥は鳴いていなかった。2014年、29年ぶりに悲願のプレイオフに進出したロイヤルズが快進撃を続け、地元カンザスシティーはお祭り騒ぎだ。ワイルドカードでオークランド・アスレチックスを9対8の逆転サヨナラ勝ちで下した勢いのまま、今度はアメリカン・リーグの地区シリーズで両リーグ最高勝率のアナハイム・エンゼルスに3連勝し、下馬評を覆した。

「王者になれ!」。ファンが掲げたプラカードが、どこか誇らしげだった。

ロイヤルズは、1969年からの拡張球団としてアメリカン・リーグに参入した。黄金期は創設8年目の76年の初の地区制覇から始まった。この年を境に10年間で7回プレイオフに出場。85年には球団史上最高のスターであるジョージ・ブレットの活躍で、セントルイス・カージナルスとのワールドシリーズで、1勝3敗から大逆転し、創設17年目で初のワールドチャンピオンに輝いた。

その後、あまりにも不遇の時間が長すぎた。86年から2013年まで28年連続でポストシーズン進出を逃した。これはメジャーの歴史では2番目のワースト記録。メジャー屈指の美しさを誇るスタジアムは空席が目立ち、頭からごみ袋を被って球団に抗議の意思表示をするファンもいたほどだ。

〝万年最下位〟の改革の道のりの陣頭指揮は、06年6月8日にGMに就任したデイトン・ムーアに託された。ムーアは、アトランタ・ブレーブスで長くスカウト部門で育成の大切さを学んだ男だ。低迷期にドラフトで獲得した有望な若手たちがチームの柱に成長し、ようやく戦う集団になった。そして、勝利に飢えたムーアが触手を伸ばしたのが、青木《あおき》宣親《のりちか》だった。13年シーズンの3割5分6厘という高い出塁率と機動力が、ロイヤルズには必要な選手という結論に達した。

開幕当初、初めてのアメリカン・リーグの投手にてこずったが、ビデオでの研究や学習能力の高さで尻上がりに調子を上げた。打率は前半戦が2割6分だったが、後半戦は3割1分7厘と復調。特にシーズン終盤の9月は、3割7分9厘の高打率でプレイオフ進出に貢献してみせた。チームのリードオフマンとして走攻守にわたり、チームを牽引した青木に対して、ネド・ヨスト監督は、「ノリは非常に研究熱心な男」と賛辞を惜しまなかった。ディビジョン・シリーズ第3戦。「2番・ライト」で先発した青木は3打数3安打1打点と、8対3の勝利に貢献。3回目のシャンパン・ファイトの後、場内一周でファンとハイタッチを交わし、喜びを分かち合う姿が印象的だった。

リーグ優勝決定シリーズの相手は、こちらも3連勝でデトロイト・タイガースを下したボルチモア・オリオールズに決まった。過去ポストシーズンで、3試合の延長戦を制した5チームはすべてワールドシリーズ制覇というデータどおりに、85年以来となるワールドシリーズに進出したロイヤルズだったが、サンフランシスコ・ジャイアンツの前に、4勝3敗と惜敗し、夢は持ち越された。

ロイヤルズ史上最高の選手が起こした珍事

2014年のワールドシリーズ第2戦。ロイヤルズの本拠地コフマン・スタジアムが、ゲーム前に沸いた。通算3154安打で野球殿堂入りしている、ロイヤルズのジョージ・ブレット球団副社長が始球式に登場したからだ。1985年の球団史上唯一のワールドシリーズ制覇は、このブレットなしにあり得なかった。彼こそ、地元の英雄なのだ。

アメリカのスポーツサイト「bleacher report」が発表した「ロイヤルズ史上最高選手ランキング」では、もちろん堂々の第1位。ブレットは21シーズンにわたってロイヤルズ一筋でプレー。76年から88年まで13シーズン連続でオールスターに選出。76年、80年、90年に首位打者を獲得するなど、打率3割を11度も記録。なかでも80年には3割9分という高打率をマークし、テッド・ウィリアムズ以来となる「打率4割打者」に最も近づいた打者だった。

カンザスシティーのファンのハートを射止める記録保持者であることもさることながら、彼の野球人生で一番有名な珍事がある。

83年7月24日。ニューヨークでのヤンキース戦。3対4とヤンキースにリードを許した9回表2アウト。ここで登場した主砲ブレットは起死回生の逆転2ランを放ち、5対4と逆転。しかし、ドラマはこの後に待っていた。ヤンキースのビリー・マーチン監督が、ブレットのバットに塗られた松ヤニが規則違反だとクレーム。野球規則によれば、松ヤニをつけられる部分は、「グリップ・エンドから太くなっていく部分に向かって、18インチ（約45センチ）まで」と定められていた。

この抗議を受けてティム・マクレランド審判は規則違反を認め、アウトの判定を下す。これに対して、ダッグアウトから猛然と飛び出してきたブレットは、マクレランド主審に火がついたように猛抗議したが、判定が覆ることはなかった。

これには伏線があった。マーチン監督はブレットのバットが規則違反の可能性にあることを以前から察知していた。シーズン中からそれを持ち出すチャンスをずっとうかがっていた。そして、マーチン監督は「ここぞ！」という千載一遇のチャンスを見逃さなかったわけだ。

一方のロイヤルズも黙ってはいなかった。この裁定についてリーグに提訴し、リー・マクフェイル会長はロイヤルズ側を支持。ブレッドの逆転2ランは記録として認められ、ゲームが5対4の9回表2死ロイヤルズの攻撃から再開するという決定を下した。

主催者のヤンキースは残り4つのアウトしか残っていない再試合の入場料でも、通常と同じ料金にすると発表。だが、ファンの怒りの矛先は訴訟にまで発展。ニューヨーク最高裁の上訴審まで持ち込まれ、結局ジョセフ・サリバン裁判長は、有名な「プレーボール！」という判決を下し、割安料金での再試合となった。

ブレットのホームランから25日が経過した8月18日。ロイヤルズはボルチモア・オリオールズ戦前に、再びヤンキースタジアムに立ち寄ることになった。ヤンキースタジアムに詰めかけた観客はわずか1000人足らず。ゲームは10分足らずで終了。ロイヤルズの勝利で、ようやく決着したのだった。

これがメジャー史上に残る珍事、「パイン・タール事件」である。ロイヤルズは、至宝ブレットの活躍で手にして以来となる29年ぶりの世界一を目指したのである。

KC

弱小対決を制した全米最小フランチャイズ球団の奇跡

ロイヤルズのファンには失礼だが、まさかこんな日がくるとは思ってもみなかった。カンザスシティー・ロイヤルズがニューヨーク・メッツを4勝1敗で破って、１９８５年以来となる2度目の世界一に輝いた。

２０１５年のワールドシリーズは、いろいろな意味で世間の注目を集めた。一昔前の弱小チームが頂上決戦で、ぶつかり合ったからだ。メッツが勝てば29年ぶり、逆にロイヤルズなら30年ぶりのワールドチャンピオンだ。

メッツの本拠地ニューヨークはいわずと知れた世界経済の中心地で、テレビ保有世帯数は全米最大。一方のカンザスシティーは全米最小。このカード、どのくらいの興味があるか、それを表すテレビ視聴率が関心の高さを示していた。14年のワールドシリーズのロイヤルズ対サンフランシスコ・ジャイアンツ戦の平均よりも6％アップの1720万人がチャンネルを合わせ、雌雄を決した第5戦で比較すれば、14年よりも37％もアップした。ひと口に「30年」といっても、その陰にどれだけの努力があったかと考えると気が遠くなる。ファンの中には、この歓喜を知らずに亡くなった方もいるだろう。孫に、世界一の喜びを伝えたかったおじいさんもいたはずだ。勝てないチームを応援するほど「根気と情熱」がいることは他にはない。それは世界一を宿命づけられたヤンキースのファンとはまったく異なる「モチベーション」なのだ。

15年の選手総年俸を見ると、第1位はロサンゼルス・ドジャースの約276億円で、ロイヤルズは17位の約135億円と、半分にも満たない。さらに、平均年俸ではドジャースの約9億2140万円に対して、ロイヤルズは約4億8391万円と、こちらも圧倒的な差がある。

マーケットがメジャー最小規模で潤沢な資金がなければ、フリーエージェント市場で大物を獲得できず、おのずとドラフトでの「眼力」とマイナーでの「育成」という教科書どおりの戦略を忠実に守るしかなかった。オーナーのデービッド・グラスからの意向を受けて、改革の陣頭指揮を任されたのは、前述したデイトン・ムーアGMだ。アトラント・ブレーブス時代にジョン・シューホルツGM（ロイヤルズとブレーブスで世界一になった伝説の男）から帝王学を学んだムーアだったが、最初はGMポストのオファーに乗り気ではなかった。まだまだブレーブスに残って人材育成に精を出したかったという。

就任1年目、ロイヤルズは100敗した。レギュラーシーズンは162試合だから、100回負けて、62試合しか勝てなかった弱小球団だった。そんなチームを引き受けるだけで勇気がいる。

それがいまはどうだ。今シーズン、あの弱小球団がアメリカン・リーグ最多となる95勝を挙げ、オールスターに7人の選手を送り込んだ。

チームの主軸となるエリック・ホスマー、マイク・ムスタカス、サルバドール・ペレス、ヨルダノ・ベンチュラ、ダニー・ダフィー、ケルビン・ヘレラ、グレグ・ホランド等は11年から変わらない中心メンバーだ。しかも、18年まで契約が切れない。つまり、これが終わりなどではなく、黄金時代の幕開けなのだ。

14年シーズン。ロイヤルズはジャイアンツの前に第7戦で惜敗。その悔しさを忘れなかったチームは、今回のワールドシリーズで4勝すべてに逆転勝ちという粘り強さを見せた。ネド・ヨスト監督は、シャンパン・ファイトの会見で喜びをかみしめるように話した。
「以前、ムーアに、『ロイヤルズの監督はどんな男を探しているんだ』と聞いたとき、ムーアが『君のような監督だよ』と答えたことがあった。ブレーブスでともに過ごした友人と、再びロイヤルズで一緒になって、こんな偉業を成し遂げるなんて、人生で一番の達成感だね」

市場規模の大きい球団にも負けじと、メジャー10位となる270万人のファンを集めた。ダウンタウンには「ロイヤル・ブルー」のライトアップが施され、優勝パレード当日にはチーム・グッズを身に着けた30万人以上のファンが溢《あふ》れていた。世界一の立役者たちは、30年前とまったく同じルートをパレードし、ファンに夢でない、現実の世界を見せた。そして、その胸には、「World Champion」の文字が誇らしげに輝いていた。それはまさに、全米一小さなフランチャイズが起こした〝必然の奇跡〟だった。

The Catcher Manager

新旧捕手出身監督が挑む世界一

「名選手は、名監督にあらず」

洋の東西を問わず、野球界にはこんな格言がある。そんな中、日米で名監督に捕手出身者が多いデータがある。

2013年までの40年間、日本一の監督は捕手出身者が13回。その内訳は森祇晶《もりまさあき》（西武）6回、野村克也《のむらかつや》（ヤクルト）3回、上田利治《うえだとしはる》（阪急）3回、伊東勤《いとうつとむ》（西武）1回と、全ポジションの中で32・5%と他を圧倒している。

これは、近年のメジャーリーグでも同じ傾向にある。1995年以降、世界一の監督は捕手出身が10回。内訳は、ジョー・トーリ（ヤンキース）4回。ジョー・ジラルディ（ヤンキース）、ジム・リーランド&ジャック・マッキーン（マーリンズ）、ボブ・ブレンリー（ダイヤモンドバックス）、マイク・ソーシア（エンゼルス）、ブルース・ボウチー（ジャイアンツ）がそれぞれ1回と、全ポジションの中で52・6％と、日本よりもさらに高い数字だ。

14年のポストシーズン。ＷＳ（ワールドシリーズ）をかけて両リーグの優勝決定シリーズに駒を進めた4チームのうち、ボルチモア・オリオールズのバック・ショーウォルター監督以外はすべて捕手出身だ。ナショナル・リーグのセントルイス・カージナルスＶＳサンフランシスコ・ジャイアンツは、捕手出身監督対決となった。

まずは、還暦間近のジャイアンツのボウチー監督。現役時代はヒューストン・アストロズ、ニューヨーク・メッツ、サンディエゴ・パドレスでマスクを被り、３５８試合に出場して打率2割3分9厘、26本塁打、93打点を記録。引退後、マイナーからのたたき上げで指導者の道に進んだ。94年にパドレス監督に就任し、98年はＷＳに駒を進めたが、ヤンキースに4連敗で敗北。その後、パドレスでの実績が評価され、06年にはジャイアンツ監督に招請され、10年にはサンフランシスコ移転後初となるＷＳ制覇、そして12年にも2度目のＷＳ制覇。監督20年目の今季は、自身3度目の世界一を狙っている。

一方、カージナルスのマイク・マシーニーは監督3年目44歳。4度のゴールデン・グラブ賞を誇る堅守と、統率力は現役時代から抜きんでていた。引退後はＧＭ補佐を務めていて、マイナーのコーチ経験すらなかった。そんなマシーニーに、11年に世界一に輝き、勇退した名将トニー・ラルーサ監督の後任として白羽の矢が立った。期待感よりも、先行きを危惧する声が飛び交う中、マシーニー監督は結果を出し続けた。3年連続でカージナルスをポストシーズンに導き、13年のWSでレッドソックスに敗北したリベンジに燃えている。

以前、捕手出身監督の名将ジョー・トーリはその特性を次のように話してくれた。

「捕手は常にさまざまな状況を考えているポジションであり、広い視野を求められる役割がある。捕手出身監督が多いのは自然の流れだと思う」

新旧の捕手出身監督対決は、ボウチー率いるジャイアンツが4勝1敗でカージナルスを退け10年と12年に続く、ここ5年で3度目となるWSへの出場権を得た結果になった。捕手出身監督が見せる采配を注視して見守りたい。

Stop the Steroid

ホームラン減少傾向の理由

ホームランは野球の華だ。1本のホームランでゲームの行方が変わる。ファンは強打者の一振りに注目するが、2014年シーズンは打球がフェンスを越える場面が減少。結果的に、メジャーの本塁打争いが低調に終わった。

オリオールズのネルソン・クルーズがキャリア初となる40本でアメリカン・リーグを制した。一方のナショナル・リーグは、マーリンズのジャンカルロ・スタントンが37本で初めての栄冠となった。両リーグで30本台に終われば、1982年以来の珍事だったが、なんとかクルーズが40本に乗せてこれを回避した。

90年代後半から2000年代にかけて、バリー・ボンズ、マーク・マグワイア、サミー・ソーサの本塁打王争いはメディアを賑わせた。ボンズは01年に73本、マグワイアが

98年に70本、ソーサが98年に66本と、いま考えれば桁違いの数字が並んだ。これが俗にいう「ステロイド時代」である。

本塁打減少傾向の最大の理由の一つに、薬物対策効果が考えられる。14年は尿検査6394件、血液検査1535件が行われた。12月1日、MLB機構と選手会は、「今季終了時までの1年間に薬物規定違反で、13件が出場停止処分の対象になった」と発表。処分対象の内訳は、検査結果をもとにした筋肉増強剤2件、興奮剤10件の計12件と、検査以外の調査などに基づくものが1件だった。

メジャーは04年まで、薬物を使用しても制裁がなく、罪の意識が低かった。だが、05年に無制限検査、06年に3度目の違反で永久追放と制裁に乗り出した。07年には当時のバド・セリグ・コミッショナーの肝入りのミッチェルリポートが公表され、過去に薬物使用をしたことのあるロジャー・クレメンスを含む89人の名前が明らかになった。さらに13年、抜き打ち検査に関してMLB機構と選手会が合意。今季から出場停止処分は1度目の違反で80試合、2度目は162試合、3度目は永久追放となり薬物規定の罰則が厳格化された。

このように薬物への取り組みが進み、06年以降、メジャーのスコアブックの本塁打数が減っていく。メジャー全体の本塁打数は04年の5451本塁打が、14年は4186本となり、1試合平均は1・12本から0・86本に減少。データ上でも、本塁打の減少傾向は明らかになった。

ボンズが73本を打った01年には、ソーサ（64本）、ゴンザレス（57本）、アレックス・ロドリゲス（52本）を含め4人いた50本の大台到達も減っている。06年はライアン・ハワードの58本、デビッド・オルティスの54本、07年もアレックス・ロドリゲスの54本とプリンス・フィルダーの50本と、2人ずつが到達したが、それ以降では、10年ホゼ・バティスタの54本、そして前年にはクリス・デービスの53本だけだった。そのデービスが薬物テストで陽性反応となり、25試合の出場停止処分を受け、今季はわずか26本塁打に終わった。

いつの時代も、本塁打や打点を稼ぐスラッガーは年俸上位に名を連ねる。どの球団もノドから手が出るほどほしいスラッガーたちが、大金のために禁止薬物に手を出す構図ができあがっていた。この先も、新たな薬物は次から次へと開発されるだろう。ロブ・マンフレッド新コミッショナーがどのような形でこの問題に取り組み、より透明性を高めるのか。その手腕に期待したい。

Spring Camp

こんなに違う日米キャンプ事情

毎年2月の声を聞くと、「球春到来」という言葉が浮かんでくる。九州や沖縄から届く春季キャンプのニュースが連日取り上げられる。日本のプロ野球は2月1日に一斉にキャンプインを迎える。チーム全員が同じ飛行機でキャンプ地入りし、必勝祈願の参拝をする。

海の向こうのメジャーは、日本のそれとは大きく異なる。まず、投手と捕手のバッテリーが先にキャンプインしてから、次に野手陣が遅れて合流するシステムだ。2015年のヤンキースでいえば、田中将大のいるバッテリー陣は2月21日で、野手陣は26日だ。一番遅い球団は28日であり、日本と比べると1カ月も違う。

キャンプの宿舎事情も大きく違う。日本は皆が同じホテルに泊まり、先輩と後輩の相部屋が主流で、まるで学生時代の合宿の雰囲気。一方のメジャーは球団指定のホテルは用意されるものの、ほとんどのメジャーリーガーがコンドミニアムや一軒家をキャンプ中に借りて、家族で滞在する。引退したデレク・ジーターのようにキャンプ地に自宅を構える選手もいるほど、スケールが違う。マリナーズ時代のイチローもアリゾナに別宅を構えていたほど、シーズンに向けた重要な戦いの拠点という意味合いが強いのかもしれない。

メジャーリーガーの朝は驚くほど早い。まだ太陽が昇る前から、自分でハンドルを握って私服姿でやってくる。ほとんどの選手がレンタカーだが、なかには自宅から専用トラックでピカピカの高級車を何台も運ぶ車好きもいる。日本では早朝の散歩の後、浜辺で今年の目標を叫ぶ〝声だし〟の慣習があるが、メジャーではそのようなものは一切ない。

クラブハウスのロッカーにはユニホームや短パンなど、すべて準備され、スパイクまできちんと磨かれている。さらに専属シェフがいて好きな料理を目の前で調理してくれるから、至れり尽くせりだ。待遇面では、キャンプに参加する選手は1日ごとの食費84ドル（約9800円）と、1週間ごとに宿泊費446ドル（約5万2000円）が支給される。過去、ダルビッシュなど大型契約を結んだ選手は、キャンプ地での住居費やレンタカー代も契約に含まれた厚遇ぶりだった。

日米では練習内容などのキャンプ事情、そして、日本のオープン戦に当たるエキシビションゲームなども大きく違う。

日本では投手陣のキャンプの話題といえば、「何球、投げた」という〝投げ込み〟の話題に尽きる。ブルペンに入った投手は、数時間出てこずに投げ込んでいることも普通だ。投げ込むことで1年間戦う肩をつくり、またスタミナをつけるという日本の伝統的な考えだ。

一方のメジャーは、キャンプ中からブルペンでの球数が厳しく制限される。投球数を数えるカウンターを片手に持った投手コーチやブルペンコーチが投手に声をかけながら、ピッチングが行われる。時間はほんの10分から15分程度だ。メジャー1年目の日本人投手は、うわさには聞いていても、ほとんどの選手があっけにとられたような表情で最初のブルペン投球を終える。そんな姿を何度も見てきた。日本での投げ込む習慣が抜けない投手は、必然的にキャッチボールの数を増やすことで、「肩をつくる」ということになる。

「肩は消耗品」。投手に関するメジャーの価値観は、この言葉がすべてだ。投げるのは必要最小限であり、162試合で30回以上先発する投手の肩をいかに「フレッシュな状態」に保てるか。メジャーの首脳陣はそればかり考えている。

日本のプロ野球のオープン戦は、キャンプイン3週間後あたりから始まる。もちろん相手は同じプロだ。一方のメジャーは野手が合流してから1週間後には、エキシビションゲームが始まる。その相手もメジャーのチームだけではない。シーズンを控える大学生が対戦相手になることもある。大学生にとっては憧れの選手が相手になるので実力試しもできるし、学生時代の最高の思い出にもなるのだ。大学生の家族もその伝統行事を楽しみにしていて、ゲーム後にはバーベキューパーティーを開くほどだ。

また、メジャーでは「スプリットスクワッド」といって、チームを2つに分け、キャンプ本拠地と、遠征先で1日2試合行うことも当たり前だ。それだけ実戦重視であり、長いシーズンを戦える身体づくりや感覚をゲームから整えていくのがメジャー式といえる。レギュラー組は野手なら2打席、投手なら2イニングからスタートし、開幕が近づく3月下旬までプレー時間を延ばしていく。選手はゲーム途中でファンにサインをしながらメインのスタジアムを後にし、ウェートやランニングのクールダウンをして、先に帰宅することすらある。

日本ではキャンプで首脳陣の目に留まり、オープン戦で新聞の見出しを飾る活躍をした新人は「開幕1軍」切符を手にすることもある。

しかし、メジャーではそんなことはあり得ない。メジャーは〝契約社会〟だからだ。メジャーリーガーと呼ばれる40人枠は、契約でガッチリ決まっている。エキシビションゲームでたとえ好調を維持し、結果を出していても、契約上の縛りで、開幕メジャーに昇格することはない。

日本のキャンプは、とにかく練習時間が長い。特打や特守は当たり前、自主練も含めると朝から晩までというイメージだ。メジャーは正反対だ。練習メニューは、実にコンパクト。投手で例えると、10分程度のサイクルで、キャッチボールから、ブルペン、守備練習、ランニングなどが、練習フィールドを移動して合理的に行われる。

練習は、午前中でサクッと終了する。午後はゴルフ、映画にフィッシング、または家族サービスでリフレッシュする選手がほとんどだ。以前、ヤンキースはキャンプ中にビリヤード大会を開いたことがあった。このときは全員が練習を早めに切り上げ、バスで会場まで移動し、選手や球団スタッフで親交を深めた。

初めてのビリヤードで準優勝に輝いた松井秀喜氏は、「メジャーのキャンプは短い分、時間の使い方が重要だった。開幕に万全の体調にするために、日々の練習をしっかりやることだけを心がけた」と話していた。メジャーのキャンプでは、すべてがプロとしての自覚に委ねられているから、「やるか、やらないか」は、自身が判断し、結果が良くても悪くても、すべてを自分自身で負い、それと向き合う覚悟ができているのだろう。

「スポーツはその国の文化を反映する」といわれる。日米のどちらがいいとか、悪いとかではなく、同じく〝春季キャンプ〟でも比較すると、これほどの違いがあるから驚きだ。

必ず一度は訪れたいスプリングキャンプ

日本では2015年からオリックスがキャンプ地を、沖縄県宮古島から宮崎に移転させ、キャンプのスタート地は、宮崎が巨人、広島、ソフトバンク、西武を含む5球団、そして沖縄は、阪神、ヤクルト、DeNA、中日、日本ハム（以上沖縄本島）、楽天（久米島）、ロッテ（石垣島）の7球団となった。つまり、日本のキャンプ地は「宮崎VS沖縄」という構図が明確になった。

メジャーでは、キャンプ地はアリゾナとフロリダで二分される。前者はサボテンにちなんで「カクタスリーグ」、後者は特産品にちなんで「グレープフルーツリーグ」と呼ばれている。この2大勢力に集約されるまでは、それぞれがゆかりのある地などでキャンプを張っていたが、現在はきれいに15球団ずつに分かれている。オープン戦のマッチメイクや対戦地までの移動時間などを考えると、やはり一定圏内にいたほうが、シーズンを見据えた調整が合理的にしやすいという判断になったのである。

さらに、1990年代から2000年代に入ってキャンプ地の誘致合戦が過熱した。約1カ月半以上、メジャーの30球団がキャンプ地として、自分の住む町にやってくれば、雇用や観光収入という経済的な波及効果が生まれ、さらに世界的なPR効果は計り知れない。アリゾナやフロリダの双方の州にある自治体は、あらゆる手段を使って誘致合戦を繰り広げることになった。

メジャー球団もより充実した環境を求めるようになり、両者が「WIN―WIN」になるような充実した施設やサポート体制が整えられ、これまで以上に長期間にわたっての提携関係を結ぶようになった。

最も大きな決断の一つだったのが、名門ロサンゼルス・ドジャースだ。59年間もフロリダ州ベロビーチでキャンプを張っていたが、2009年からアリゾナ州グレンデールに移転。ドジャースの移転史をひもとくと、1901年のノースカロライナ州シャーロットに始まり、グレンデールが21番目のキャンプ地となった。

移転した一番の理由は、本拠地ロサンゼルスとフロリダの距離の遠さ。地元ファンがベロビーチに行く移動時間と距離を考えれば、カリフォルニア州と隣接するアリゾナ州のほうが断然近く、車でもアクセス可能だ。ファンがシーズン前に今年のチームを見たいという希望は根強く、旅行で訪れる機会が増えれば、球団収入はもちろん、誘致した行政にとっても一石二鳥というわけだ。

ベロビーチのキャンプ地は通称「ドジャータウン」と呼ばれ、キャンプ地のお手本のような雰囲気だった。メイン球場以外にも複数面のグラウンド、屋内施設、プールが伝説の選手の名前のついたストリート沿いに整然と配置されていた。選手宿舎はロッジ風の建物で、施設内にはラウンジ、ダイニング、シアタールームまであり、至れり尽くせり。青空とパームツリーに囲まれた環境は、「これぞスプリングキャンプ!」と、呼ぶにふさわしい施設だった。

その歴史に別れを告げたドジャースは、現在、シカゴホワイトソックスと共同でコンプレックス(複合施設)を使用している。メイン球場は同じ「キャメルバック・ランチ・スタジアム」だが、それぞれが8面規模のグラウンドや施設を所有し、マイナーからメジャーまで広大な施設でトレーニングを行うことができる。

皆さんには、メジャーの公式戦はもちろんだが、スプリングキャンプ地を巡る旅をぜひおすすめしたい。2月、3月は夏場のハイシーズンに比べると旅費もそれほど高くなく、何といっても、メジャーリーガーの練習や試合を間近で見られて、記念撮影やサインをもらえるチャンスも圧倒的に多い。メジャーの魅力がさらにわかるだろう。

Retired Number

田中将大が〝永久欠番〟になる条件

これまでメジャーやマイナーで足を運んだ球場の数は、150カ所を超える。なかでも最も好きな場所の一つがヤンキースタジアムのセンターの奥にある「モニュメントパーク」と呼ばれる歴史が詰まった場所だ。

そこにはリーグ優勝40回、ワールドシリーズ制覇27回のニューヨーク・ヤンキースの栄光に貢献した合計36名の永久欠番やレリーフが並んでいる。そこに立つと、季節ごとの花々に囲まれた名選手たちが、現役選手たちのプレーに、温かい声援と拍手を送っているように感じられる。

旧ヤンキースタジアム時代、ベーブ・ルースのレリーフにタッチしてから、マウンドに向かうデービッド・ウェルズやロジャー・クレメンスがいた。それはまるで、偉大な選手たちの見えない力を、自らのパワーに変えるような「おまじない」に見えた。ウェルズは競売でルースの帽子を落札し、それを被って投げたこともあった（その後罰金が科せられた）。「ルースは俺の永遠のヒーロー」と、顔もどことなくルースに似ているウェルズ。それぐらい、伝説の選手たちの影響力は計り知れないものなのだろう。

２０１５年に、ヤンキースはバーニー・ウィリアムズ「51」、ホルヘイ・ポサダ「20」、そしてアンディ・ペティット「46」の背番号を永久欠番にすると発表した。ウィリアムズはヤンキース一筋16年。球団史上５位となる２３３６安打を放ち、ポストシーズン22本塁打と80打点は球団史上1位だ。ポサダも17年間、マスクを被り続け、球団史上２位となるポストシーズン１２５試合でプレーした要の選手だった。最後に、通算２５６勝のペティットはポストシーズン史上1位となる19勝を挙げ、５度の世界一に貢献した。

永久欠番の決定を受けて、ポサダは、「自分の背番号を誰も着ないなんて信じられない！　こんな名誉なことはない！」とツイッター上で喜びを爆発させていた。

これでヤンキースの22選手の背番号が永久欠番になった。14年に引退したデレク・ジーターの背番号「2」は近い将来、永久欠番になることは確実だ。そうなると、1桁台はすべて永久欠番となり、一番若い番号は「11」ということになる。

これまでメジャーで、日本人選手の背番号が永久欠番になった例はない。個人的には、マリナーズがイチローの「51」を欠番にする可能性が一番高いと思っている。それでは今後、ヤンキースで田中将大の背番号「19」が永久欠番の栄誉を授かる可能性はどうだろうか？　契約期間7年間で「100勝」を達成し、さらに3年契約を勝ちとって「50勝」、そしてプレーした合計10年間で世界一3回に貢献。つまり、田中がモニュメントパークに入るためには、「10年150勝、世界一3回」が必要十分条件になるだろう。

メジャー屈指の個人成績を残すのはもちろんのこと、チームの勝利に貢献し、ニューヨークに世界一を運んでこられるかどうかが一つの「条件」になる。そう考えてみると、ヤンキースの永久欠番がどれほど価値のあるものなのか、皆さんにもおわかりいただけるはずだ。

In the summer of 1961

東大連敗脱出！メジャーの連敗記録を脱した秘策

「東大が勝った！」。東京六大学野球リーグで黒星を重ねていた東京大学が２０１０年10月２日の早稲田大学戦以来となる白星を法政大学から挙げ、連敗を「94」で止めた。15年の卒業生は在学４年間で、一度も勝利の美酒を味わうことがなく神宮を去ったわけだが、勝負の世界では「勝つ」ということは実に大変なことなのである。

たとえば、日本プロ野球でいえば、１９９８年にロッテが記録した「18連敗」が、最長だ。ロッテ・ナインは６月13日から７月８日まで26日間も一度もゲームに勝てなかった。

上には上がいる。海の向こうメジャーの記録を調べると、ワースト記録は61年のフィラデルフィア・フィリーズの「23連敗」だ。これに次ぐのは、88年ボルチモア・オリオールズの「21連敗」。オリオールズは、開幕戦で０対12と惨敗。ここからの連敗だった。

フィリーズのワースト記録の始まりは、61年7月28日だった。その日の黒星がまさか8月20日まで続くとは、夢にも思わなかっただろう。連敗を早く止める最大のチャンスは、8月17日のブレーブス戦だった。フィリーズは7回まで6対4とリードしていたが、8回に同点に追いつかれ、延長11回にサヨナラヒットを打たれ、悪夢は続いた。

歴史が動いたのは8月20日。フィリーズは敵地ミルウォーキーに乗り込んで、ブレーブスとのダブルヘッダーを戦っていた。第1試合は2対5で落として、ワースト記録をあっさりと更新。暗いムードが漂う中、フィリーズは2試合目を7対4と逆転勝ちし、長い、長いトンネルから遂に抜け出した。

ファンは、ワースト記録に終止符を打ったナインをまるでワールドシリーズ制覇のような歓待ぶりで出迎えた。2000人のファンが空港に集まり、ブラスバンドの演奏で、祝福してみせた。ファンはそれだけ「勝利」に飢えていたし、残りシーズンに向けた選手たちを鼓舞する意味があったのだろう。中軸を打ったトニー・テイラー二塁手は、「ワールドシリーズに勝ったようだった。飛行機を降りるのを躊躇《ちゅうちょ》するような歓迎ぶりだったね。バンドたちがジーン・モーク監督を肩車したんだ」と、当時の様子をAP通信に話した。

負のスパイラルに陥ったとき、人はその現状を打破しようととんでもない〝秘策〟を思いつくものだ。モーク監督は遠征先で午前2時に点呼をとり、ホテルのベッドにいた選手に罰金を科した。門限破りに罰金を科すのは聞いたことがあるが、「ホテルにいるな！」という指揮官は聞いたことがない。また、シカゴ・カブスとのゲームでは試合開始直前にリグレーフィールドにやってきて、ゲーム前の練習を一切行わなかった。ゲームだけに集中させ、邪念を捨てさせようとしたのだろうか。いまでは考えられない秘策だった。

この年、チーム打率2割4分3厘で、防御率4・61のフィリーズは107個の黒星を献上し、首位に46ゲーム差をつけられて、最下位に沈んだ。本拠地コニーマックスタジアムに訪れた59万39人のファンにとっては、二度と目にしたくないシーズンだったに違いない。

Journey Within

イチローが敬意を払う異色のミュージシャン

バーニー・ウィリアムズ。真っ先に思い出すのは、ヤンキースタジアムのクラブハウスでギターを弾く姿だ。

1991年から2006年までヤンキース一筋で16年。スイッチヒッターとして重ねたヒットは2336本。なかでもポストシーズンで、無類の勝負強さを発揮。95年のシアトル・マリナーズとのディビジョン・シリーズ第3戦では、史上初となる左右両打席からの本塁打を記録。4度のワールドシリーズ制覇に貢献した彼は、「ポストシーズン80打点」のメジャー記録保持者である。

遠征に行く際、必ずギターケースを肩にかけていた彼も、06年オフ、正式な引退表明をしないままに、メジャーのグラウンドから姿を消した。その後は、プエルトリコの国内リーグやＷＢＣなどに出場したこともあった。

選手としてはもちろん、その人間性も申し分なかった。寡黙ながら、ウイットに富んだジョークも忘れない男だった。03年に鳴り物入りでヤンキースに入団した松井秀喜氏が初めてのスプリングキャンプで、最初のキャッチボール相手をかって出たのも彼だった。「少しでもやりやすい雰囲気をつくってあげたかった」とウィリアムズ氏が話せば、4年間一緒にプレーした松井氏は、「ジェントルマンという人柄」と振り返ったことがあった。

12年のシーズン途中、マリナーズから移籍したイチローは、決してウィリアムズ氏の代名詞「背番号51」を着ようとはしなかった。ヤンキースファンにとって、ウィリアムズ氏が特別な存在ということを知っていたし、イチロー本人もリスペクトしていたからだ。

こんなエピソードがある。イチローのメジャー1年目。オールスターゲームに出場したイチローのロッカーは、憧れのウィリアムズ氏の隣りだった。出場記念にお互いにユニホームを交換したイチローは、そのユニホームに袖を通して満面の笑みを浮かべたという。

15年のシーズン前、ヤンキースはウィリアムズ氏の「背番号51」を永久欠番にしたと発表した。4月15日にはヤンキースとマイナー契約を結び、引退届にサイン。引退セレモニー当日、ヤンキースタジアムにはたくさんのプエルトリコの国旗が揺れた。90年代の黄金時代を支えた〝コア4〟と呼ばれるデレク・ジーター、アンディ・ペティット、マリアノ・リベラ、ホルヘイ・ポサダらの元チームメートも駆けつけた。「家族、チームメート、ファンが、いいときも悪いときも、そして挑戦するときも側にいてくれた」と声を震わせながら話した。

ウィリアムズ氏はまだ現役だった03年、コンテンポラリー・ジャズ部門で、『Journey Within(まだ見ぬ世界)』(GRPレコード社)を発表。引退後の現在は、マンハッタンの音楽大学でジャズを専攻しフルタイムの学生をしながら、アメリカ国内で精力的にライブ活動を行っているという。

「メジャーリーガーとミュージシャン」という〝二刀流〟から、ミュージシャンとなったウィリアムズ氏の人生の旅路は、まだまだ終わらない。

30球団歴代名選手に名を連ねたイチロー

２０１５年のオールスターゲーム、全米中継した「ＦＯＸテレビ」の視聴率は史上最低となる「６・６％」だった。これまでは12年の６・８％が過去最低だったから、不名誉な記録を更新する結果となった。

何とも残念なニュースだったが、フィールドではさまざまな趣向を凝らしたイベントが行われた。もっとも心動かされたのは、ゲーム前のセレモニーだった。グレートアメリカン・ボールパークに、ウィリー・メイズ、ハンク・アーロン、サンディー・コーファックス、ジョニー・ベンチという4人の〝生ける伝説〟が姿を見せた瞬間だった。

このときばかりは現代のオールスターたちも脇役。１００年を超えるメジャー史に輝く4人のプレーヤーたちに拍手を送り続けた。

最初に名前を呼ばれたのは、歴代最多となる25回のオールスター出場を誇るアーロン。通算755本塁打は燦然《さんぜん》と輝く金字塔だ。次に名前を呼ばれたベンチには、地元シンシナティのファンから温かい声援が飛んだ。389本塁打と1376打点はいずれもレッズの球団記録。ビッグレッドマシン打線を支えた名捕手だ。3人目は3度のサイ・ヤング賞を誇り、4度のノーヒット・ノーランと一度の完全試合を達成した史上最高左腕の一人であるコーファックス。そして、最後はジャイアンツの至宝メイズ。24度のオールスター出場で2度のMVPを獲得している三拍子そろった名選手だ。

4人のレジェンドたちに敬意を表し、始球式はコーファックスが投げ、ベンチがそのボールを受ける形で行われた。その後、4月8日から5月8日までの1カ月間行われた、メジャー30球団の歴代4人の名選手をファン投票で選ぶ「フランチャイズ・フォー」の結果が発表された。

ひときわ高い声援が飛んだのは、地元レッズの4人衆が呼ばれたとき。ベンチに続いて、バリー・ラーキン、ジョー・モーガン、そして、通算4256安打のメジャー記録を持ちながら野球賭博への関与で永久追放処分を受けているピート・ローズが登場した。処分中のローズは1989年以降、公の場所には姿を見せられなかったが、15年に入ってMLB

機構に対して処分解除を要請するなど、今回は特例措置で地元ファンに雄姿を見せた。

約2500万票のメジャーファンの熱い思いが託された男の中に、日本選手では唯一、イチローの名前がシアトル・マリナーズの〝フランチャイズ・フォー〟で挙がった。他の3人は史上6位となる通算630本塁打ケン・グリフィー・ジュニア、7度のオールスターと2度の首位打者に輝いたエドガー・マルティネス、そして、現在もエースとして君臨するキングことフェリックス・ヘルナンデスだった。

77年創設と比較的歴史の浅いマリナーズ。ジェイ・ビューナー、ジェイミー・モイヤー、ランディー・ジョンソンなどの候補者を抑えて、イチローがファンからの熱い支持を集めたのは感慨深い。それだけデビューから鮮烈な記憶を残し、メジャー史に新たな「記録」を残し、「記憶」にも残る選手ということだ。

マリナーズ時代の07年7月10日、イチローはジャイアンツの本拠地AT&Tパークで行われたオールスターゲームで史上唯一となるランニングホームランを放ち、3安打2打点の大活躍でMVPを受賞したことがある。そして、マリナーズと新たに契約を更新した日でもあった。

「最終的には、シアトルに来年も残ってほしいという地元の声が僕にとって一番重かった。一つのチームで長い間プレーすることは（メジャーでは）なかなかできることではない。その可能性、チャンスを与えてもらったことに大変感謝している」

イチローの言葉はいまもマリナーズ・ファンの心に刻まれている。

The Ninja-hitter

メジャーでも話題になったヌンチャク球児

２０１５年は、「高校野球１００年」の年。日本では甲子園を目指した戦いが白熱していた。そんな中、ＭＬＢの公式サイトで、埼玉県立滑川《なめかわ》総合高校の馬場優治《ばばゆうじ》が取り上げられた。

7月23日に行われた埼玉栄高校との一戦で、背番号12をつけた馬場は代打で登場。重心の低い構えを見せ、投球間にバットをまるでヌンチャクのように振り回したり、打席で跳びはねたり、アニメのポーズをしたり、1球ごとに独特のルーティンを行った。

この映像が話題になると、レンジャーズのダルビッシュ有がツイッターで、「どこの高校の誰か気になる（笑）」とつぶやくと、スポーツ専門ケーブルテレビ「ＥＳＰＮ」や「ＦＯＸスポーツ」などの電子版もこぞってトップ扱いで彼のパフォーマンスのユニークさを報じた。

ルーティンを重んじる選手として、一番に思い浮かぶのは、レッドソックスなどで活躍したノマー・ガルシアパーラだ。ダッグアウトから打席に向かうときは決まった足取りで昇り降りし、フィールドへの第一歩は決まった足から踏み出し、またダッグアウトには決まった足取りで戻るこだわりようだった。さらに、打席では打撃用手袋や肘《ひじ》のプロテクターをきつく締め、スパイクのつま先を地面にトントンとする一連の動作を1球ごとに繰り返す選手だった。かつて「ESPN」はガルシアパーラのルーティンを特集したこともあったほどだ。ガルシアパーラにそのことについて水を向けると、「一つひとつのすべての動きが最高のプレーをするために必要」と話してくれた。彼にとっては、打席でのルーティンは、ある種の「おまじない」のようなものだった。

日本の野球ファンにとっては、マーリンズのイチローも忘れることはできない。打席に入った際に、立てたバットを投手方向へ向けるポーズはあまりにも有名だ。しかし、それは打席に入る前のネクストバッターズサークルから、股関節を広げるなどの一連のルーティンとしての精神統一の最終段階に過ぎない。

そればかりではない。イチローはシーズンを通じて、朝起きてから夜寝るまで、ほとんど同じタイムスケジュールで行動している。あるときは、遠征のランチでは全米展開するイタリアンレストランで同じピザをオーダーし、その足でスタバのラテをテイクアウトして、球場入りしたこともあった。「考えることが、ストレスになることがあるので決めている」。イチローは独自のルーティンをこう説明した。

これまでメジャーの2000試合以上を取材してきたが、馬場のようなユニークなルーティンには、なかなかお目にかかれなかった。それぐらい個性的で、自らの打撃のリズムをつくるために、あの形に行き着いたのかもしれない。彼の夏は終わってしまったが、世界に驚きを与えた夏になった。

The Peanut Man

「ピーナッツ! ピーナッツ!」メジャーの名物売り子

野球を楽しむのには最高の季節「夏」。アメリカでのメジャー観戦もめずらしいことではなくなったような気がする。

メジャーのボールパークは、ただゲームを見るだけの場所ではない。一歩足を踏み入れれば、そこにはすべてのエンターテインメントが凝縮されている。グラウンドでプレーしている選手はもちろんだが、働くスタッフにも「これぞ、プロ!」と呼べる人が本当にたくさんいる。その最たるものが、「vendor（売り子）」だ。

ＭＬＢの公式サイトは先日、ファンによる「売り子の人気投票」の結果を発表した。メジャー30球団の個性的で、商魂たくましい売り子たちに支持が集まり、ファイナリストには2人の売り子が残った。

まずは、通称〝マスターシェマン〟ことリック・スツェフリンスキーだ。ピッツバーグ・パイレーツの本拠地PNCパークのネット裏で、ピーナッツ売りとして13年間働いている。ボルチモア・オリオールズのおひざ元のメリーランド州出身だが、大ファンだったパイレーツで働く夢を実現し、トレードマークの口髭《くちひげ》姿で、パイレーツの昔のユニホーム姿で仕事に励んでいる。

そして、「メジャーナンバーワン」の栄冠を手にしたのは、アリゾナ・ダイヤモンドバックスの通称〝レモネード・ガイ〟デリック・ムーアだ。ムーアはいくつかの球場で27年間も売り子を勤めてきたエキスパート。チェイス・フィールドで決めゼリフの「レモネード、レモネード、まるでおばあちゃんの作ったレモネード！」と、独特の声をスタンドに響かせている。

メジャーの歴史の中で屈指の売り子といえば、通称〝ザ・ピーナッツマン〟ことリック・カミンスキーだ。シアトル・マリナーズの本拠地で30年間にわたって売り子を勤めてきたが、彼はただのピーナッツ売りではない。彼を一躍有名にしたのは、正確無比なコントロールでピーナッツをスタンドのファンに投げ込んで販売する技術だ。あるとき、メジャーのスカウトがピーナッツを投げるスピードを測ると、72マイル（約116キロ）を記録していたという。しかも、背面やカーブなど、何種類かの投法があるから驚きだ。

実際、私もカミンスキーから購入したことがある。20メートル程離れた距離から声をかけたが、私の胸に「ストライク！」でピーナッツが届いて驚いた思い出がある。仕事の極意を尋ねると、「心から仕事を楽しむこと」とカミンスキー。確かに、スタンドで彼を見ると、仕事をしているというよりは、ファンと会話しているようにピーナッツを売っていた。観客がゲームを楽しむ邪魔をせず、ピーナッツを確実に売りさばきながら、そこにはエンターテインメント性が盛り込まれている。彼こそ、真のプロフェッショナルであり、彼目当てでゲームを見にくるファンもいたほどだ。

30年間にわたって、球団やファンに親しまれてきたカミンスキーだが、2011年7月26日にこの世を去った。球団は黙禱を捧げると同時に、球団ミュージアムに彼の遺品を飾って功績を称えた。

Expos Nation

カナダ・モントリオールに野球は復活するのか!?

カナダにあるケベック州モントリオール。この地に、かつてメジャーリーグの球団がフランチャイズを置いていたことをご存じだろうか？

２００５年にワシントンに移転するまで、ナショナル・リーグ東地区に所属していたエクスポズ（現ワシントン・ナショナルズ）だ。日本選手では大家友和《おおやともかず》や吉井理人《よしいまさと》、そして巨人で活躍したウォーレン・クロマティなどが所属した球団でもある。

１９６９年に創設されたエクスポズのチーム名は、67年に開催された万国博覧会「Expo 1967」に由来し、カナダに誕生した史上初のＭＬＢ球団だった。80年代には２３０万人の動員記録を達成し、94年シーズンは地区1位を独走して「ベストチーム」といわれるほどの快進撃だったが、ストライキに突入し、史上初めてワールドシリーズも中止。

この悪夢によって一気に地元ファンの熱が冷めていった。当時のオーナーの経営方針も空回りが続き、結局は財政難に陥る。最後はMLBが経営権を握る緊急措置で、存続していた球団だった。

いま、この街がメジャーの球団誘致に再び燃えている。15年4月に開催したトロント・ブルージェイズ対シンシナティ・レッズの2試合のエキシビションゲームには、合わせて約9万6000人のファンがオリンピックスタジアムに詰めかけた。「もう一度、ベースボールを!」。野球復活の待望論は、この試合の盛り上がりからも感じられた。

モントリオールは、カナダではトロントに次ぐ大都市。北米大陸の400万人都市で唯一、メジャーリーグの球団がない不名誉なレッテルを貼られたままなのだ。移転球団として真っ先に候補となるのが、タンパベイ・レイズだろう。98年の新加盟以降、トロピカーナフィールドを本拠地にしているが、密閉式ドームで、メジャー最小の収容数などを理由に、新球場建設問題は毎年のように話題に上がる。でも、課題はなかなか解消されない。元々、野球専用ではなく、スイートルームなど、今では安定収入に欠かせない設備もなく、観客動員数では他球団に比べると大きく見劣りする。

また、オークランド・アスレチックスも、新球場がほしくてたまらない球団で、事あるごとに移転問題が取りざたされている。移転先リストには、モントリオールとともに、ネバダ州ラスベガス、テキサス州サンアントニオ、ノースカロライナ州シャーロットが並ぶ。

ロブ・マンフレッド・コミッショナーが、カナダを含めた世界戦略や拡大路線の道を歩むのかどうかも興味深いところだ。モントリオールの行政側も近い将来のレギュラーシーズンのゲーム開催を、ＭＬＢに打診しているという。一番の懸念材料は、新球場建設問題だろう。開幕時やポストシーズンの寒さ対策は、以前からの課題。ただ、開閉式ドームの建設を地元議会が承認すれば、04年9月29日のマーリンズ戦以来、モントリオールに再び球音が響くことが、現実味を帯びてくるかもしれない。

Red Bird

イチローに喝采を送ったカージナルス・ファンの野球愛

2015年8月15日。フロリダ・マーリンズのイチローは敵地ブッシュスタジアムで日米通算4193安打を記録し、タイ・カッブが持つ歴代2位の4191安打を〝日米通算〟で超えた。

「嬉しい戸惑い、ということでしょうね。こんなふうにしてくれるのは、少しジーンときますかね」。スタンディング・オベーションで記録達成を祝福するカージナルス・ファンに対して、イチローは本拠地以外で「ベストな場所」と口にした。

これまで2000試合を超えるメジャーのゲームを取材してきたが、カージナルス・ファンの〝野球愛〟はメジャー随一といえる。メジャーの本拠地は当然99％地元びいきで、相手チームや選手に対して、自然にスタンディング・オベーションを送れる土壌はメジャー屈指だろう。だが、カージナルス・ファンの野球愛はチーム成績に左右されない安定感があり、とても情熱的で、時代を超えて体感できるものだ。

ブッシュスタジアムには、11本のワールドシリーズ・チャンピオン・フラッグがはためく。これはヤンキースに次ぐメジャー2位で、ナショナル・リーグでは1位を誇る記録であり、観客動員数も常にメジャー上位の数字を叩き出している。その一方で数字には表れない部分から、カージナルス・ファンの野球愛を感じたことがある。

1998年は、カージナルスのマーク・マクガイアとシカゴ・カブスのサミー・ソーサのシーズン最多本塁打争いが最大の関心事だった。この年、両雄はヤンキースのロジャー・マリスが持つ記録更新をかけて、最後の最後までデッドヒートを繰り広げた。両球団は同地区で、長年にわたってライバル関係にある。両本拠地はインターステートハイウェー57号で結ばれていて、両チームのファンが頻繁に訪れる人気カードだったから、さらに拍車がかかった。

当時のファンのボルテージは、ゲーム開始数時間前から高かった。通称「レッドバード」といわれるカージナルス・ファンはチームカラーである赤を身に着け、地元セントルイスの町中に溢れた。そこで、球団も粋な計らいを見せた。開場時間を早め、マクガイアの打撃練習を見られるようにした。レフトスタンドはホームランボールをキャッチしようと子どもから大人まで大勢が詰めかけ、打球がスタンドに飛び込むたびに歓声が上がった。

球場全体を包むようなフラッシュの光の中、ソーサが66本を打てば、マグアイアはそれを上回る70本をスタンドに叩き込む壮絶なホームラン・ダービーだった。さらに印象的だったのは、カージナルス・ファンがライバルのソーサに対しても、深い敬意を払っていた姿だった。

00年からカージナルスでプレーしたアルバート・プホルズはデビュー以降10年まで、打率3割・30本塁打・100打点を10年連続で達成した史上最高打者の一人。そのプホルズが以前、セントルイスの野球愛についてこんな話をしてくれた。

「この町のファンはよく野球がわかっている。そして、野球への敬意を決して忘れない。最高のファンの前でプレーできるのは選手冥利《みょうり》に尽きる」と。

イチローへの惜しみない拍手を送ったセントルイスには、敵味方を超えて、野球に対する「深い愛情と敬意」が溢れている。

メジャーのボールパークで目にする少年ファンと
メジャーリーガーの交流。それを支えるのが、
スポーツビジネスのプロフェッショナルたちだ。

第5章

日米野球摩擦

——大谷翔平が日本を去る日

MLB All-Stars

日米野球〝最終章〟。小久保J、いざ出陣〈日米野球特別編1〉

2014年の秋、日米野球が8年ぶりに帰ってきた。

これまで日米野球は1988年から06年まで2年ごとに開催されてきた。その間、大会ごとのシリーズ成績はメジャーが9勝1敗と日本を圧倒（全試合の対戦成績は48勝20敗）。日本チームは90年に一度しか勝ったことがない。

日米の野球交流の歴史は古く、1908年にリーチ・オール・アメリカンが来日し17戦全勝を飾り、34年に初めて全日本軍という代表チームが創設された。そのメンバーを中心に、大日本東京野球倶楽部（読売巨人軍の前身）が結成され、プロ野球創設の転機になった。戦後は49年にトリプルAのサンフランシスコ・シールズが、51年にメジャー選抜がそれぞれ来日。日本の野球のレベルは、この交流により確実に上がり、日本の選手にとってもメジャーは「憧れ」の存在から、「いつかは勝つ」という「現実」に変化していった。

このシリーズは5試合制で、その前後に甲子園と沖縄でエキシビションゲームが予定されている。試合球はWBC（ワールド・ベースボール・クラシック）公式球、タイブレーク制、球数制限など、WBC本大会が意識されたルールで行われた。また賞金総額1億円で、優勝チームは5000万円が、第1戦から第5戦の各試合勝利チームに1000万円が贈られる。当時の来日メンバーを見ると、当初の参加予定だった通算520本塁打のアルバート・プホルズ（エンゼルス）、次代のスーパースター候補のブライス・ハーパー（ナショナルズ）、3年連続ゴールデン・グラブ賞のアダム・ジョーンズ（オリオールズ）の辞退は残念だったが、それでも、楽しみなメンバーが顔をそろえた。

第3回のWBCでドミニカ代表としてチームを初優勝に導き、MVPに選出されたロビンソン・カノ（マリナーズ）、日米野球史上初となる両リーグの首位打者に輝いた実績のあるホセ・アルテューベ（アストロズ）、ジャスティン・モーノー（ロッキーズ）。投手陣にビッグネームはいないが、岩隈久志（マリナーズ）と和田毅（元カブス）の日本勢を筆頭に、今季新人最多の16勝したマット・シューメーカー（エンゼルス）やワールドシリーズに導いたジェレミー・ガスリー（ロイヤルズ）。そして、このオールスターを率いるジョン・ファレル監督がこのメンバーをどうミックスしてどんな采配を振るうかも注目された。

06年に、MLB機構と選手会の主導で始まったWBCにより、日米野球の開催意義が希薄となった。あの当時、日本側でも日米野球への参加辞退者が出て、メジャーに全敗するような状況だった。一方、WBCでは、第1回大会から日本代表は連覇を達成。過去3大会を振り返っても、アメリカ代表を上回る好結果を残してきた。

MLBはこれまでどおりオールスターでの来日。迎え撃つNPBは今回から「侍ジャパン」として、初めて臨むことになった。つまり、日米野球が侍ジャパンの強化試合の一環として位置づけられたのだ。

小久保裕紀《こくぼひろき》監督は、「目的は一つ、17年WBCの世界一奪還へ向けてのスタート。そのために、今回は勝つ野球。とにかく勝ち越すことを目指します」と力強く宣言。先発投手は初戦から前田健太（元広島）、金子千尋（オリックス）、則本昂大《のりもとたかひろ》（楽天）、藤浪晋太郎《ふじなみしんたろう》（阪神）、大谷翔平（日本ハム）の順番で起用し、MLBオールスターを撃破したいと意気込んだ。

「世界一奪還」。小久保ジャパンは、この言葉を旗印に、日米野球での侍ジャパン初陣を戦うことになった。

Babe Ruth

野球の神様、ベーブ・ルースが日本に舞い降りた日〈日米野球特別編2〉

日米野球を前に「プロ野球80周年記念試合」として、阪神・巨人の連合チームがMLBオールスターチームと高校野球の聖地・甲子園で対戦した。メジャー軍団はそれぞれ自分のチームのユニホームを着用したが、阪神・巨人連合軍は、1934年に初めて開催された日米野球で使用された日本代表ユニホームの復刻版を着用。キャップには「NIPPON」の「N」が、胸には「ALL NIPPON」の頭文字である「AN」のロゴがデザインされたユニホームでプレーした。

34年、「野球の神様」と形容されるベーブ・ルースが大リーグ選抜として来日し、甲子園でプレーした。名将コニー・マックが率いた「全米軍」は、16勝0敗と「全日本軍」に完勝。そのとき、ルースは76打数31安打、打率4割8厘、33打点で、なんと13本塁打という数字で日本のファンの度肝を抜いた。当時の報道を見ると、ルース人気はひときわ高く、どこに行っても大勢のファンに取り込まれていた。

そんな中、全日本軍が、溜飲を下げた瞬間があった。静岡の草薙球場で行われたゲームだ。弱冠17歳のエース沢村栄治《さわむらえいじ》が8回を投げてルースなどから4者連続三振を含む9奪三振の快投。ゲームは最終回にルー・ゲーリッグに本塁打を許して負けたが、球史に残る一戦だった。その激闘を物語るように、草薙球場正面にはいまも沢村とルースの銅像がある。

本名ジョージ・ハーマン・ルース。その生誕の地はメリーランド州ボルチモアにある。74年、非営利団体によって「The Babe Ruth Birthplace Museum」が完成した。生家を改修した展示スペースには3800点以上のコレクションが収蔵されている。私が訪れたとき、館内のシアターではルースの半生の映画が上映され、老若男女がその雄姿を見つめていた。なかには、涙を浮かべるファンもいて、彼が「野球の神様」として、いまもなお愛されていることが垣間見られた。

「ベーブ」という呼び名の由来は、オリオールズのオーナーであったジャック・ダンがルースとの契約にこぎつけたとき、地元の新聞記者が「Jack Dunn's Baby（ジャック・ダンの赤ん坊）」と書き、これが後に「ベーブ・ルース」という愛称に変わったからだという。オリオールズの本拠地カムデンヤーズから徒歩圏内なので、是非訪れてほしい名所だ。

没後60年以上がたったいまも、ルースの遺産は脈々とアメリカ人の心に受け継がれている。それは彼が優れたプレーヤーだった以上に、ベースボールが「ナショナル・パスタイム（国民的娯楽）」として認められるような礎《いしずえ》を築いたからに他ならない。

そしてまた、彼の功績は海を越えた日本にも残されていたから驚きだ。あのとき、〝野球の神様〟ルースが来日して「野球」というスポーツに火をつけ、日本中が熱狂したからこそ、日本プロ野球誕生の契機につながったのである。

No, No, No-Hit!

メジャーでの成否を分ける決め球〈日米野球特別編3〉

それはＭＬＢオールスターにとって、屈辱的なゲームだった。

侍ジャパンが送り出した先発の則本昂大、その後を継いだ西勇輝《にしゆうき》、牧田和久《まきたかずひさ》、西野勇士《にしのゆうじ》という継投の前に、ノーヒット・ノーランを献上した。侍ジャパンは４対０の完勝で３連勝し、１９９０年（８試合制で４勝３敗１分け）以来24年ぶりに日米野球の勝ち越しを早々と決めた。

ＭＬＢオールスターは、言い訳はできなかった。今回のシリーズはメジャーのマウンドを再現した上でＷＢＣ球を公式球とし、メジャーの球審で、メジャー側に有利な条件がそろっていた。その中で日本の４人の投手陣が最高の結果を出してみせた。

ジョン・ファレル監督は、「ノリモトはとても効果的な投球だった。力強いファーストボール、落ちるのが遅いスプリッター、それにスライダーとカッター」と完全に脱帽した。
ＭＬＢの指揮官が並べたオーダーは、計20回の球宴出場、計9回のシルバースラッガー賞、計2回の首位打者を獲得する精鋭ぞろいだった。その彼らが、日本の投手陣から1本もヒットを打つことができなかった。これは約１００年前に始まった日米野球史の中で初めてのことだった。

それにしても、この日の則本は、メジャーリーガーを驚かせるのに十分だった。自己最速となる１５５キロのストレート、フォーク、そして横に滑るスライダーが、屈強な打線から6三振を奪って、6回をパーフェクトに抑えた。「人生最高のピッチングができた。この舞台でいい投球ができて最高」。お立ち台で見せた笑顔は充実感とともに、将来のメジャー挑戦を予感させた。

則本の後を受けた西のシンカーは左打者に有効で、アンダースローの牧田の緩急は的を絞らせず、最後は西野が角度のあるフォークで息の根を止めた。ＡＰ通信をはじめ、アメリカのメディアもノーヒット・ノーランを演じた日本の投手陣を称えた。

かつて全米を驚かせた野茂英雄にはフォークボールがあった。この魔球は佐々木主浩、上原浩治《うえはらこうじ》、田中将大にも受け継がれ、ダルビッシュにはスライダーやカッターという「決め球」がある。言い換えれば、相手をねじ伏せる〝伝家の宝刀〟がなければ、世界中から猛者が集まるメジャーでは埋没してしまうのだ。

日本で活躍し、メジャーで監督を務めたチャーリー・マニュアルやケン・モッカの話を思い出すと、彼らは共通して「個性がなければ生き残れない」という言葉を口にしていた。

投手でいえば、どんな状況でも相手打者を仕留められる一番自信のあるボールがあるかどうか。ありきたりではなく、個性的であればあるほど、打者は空を切る。それがあれば、今回生まれたような結果を残すことも容易になるし、なければかなり苦しい立場に追い込まれることになる。

日本人投手がメジャーで成否を分けるもの。それは、自分だけの「決め球」にあるようだ。

Next TANAKA

大谷翔平が日本を去る日〈日米野球特別編4〉

札幌ドームのマウンド上にいる大谷翔平に注がれた熱視線。それはネット裏に陣取るスカウトだけではなく、アメリカ本国でリポートを待つGM（ゼネラル・マネジャー）たちも同じだった。彼らが、日米野球で一番見たい選手、それは間違いなく大谷翔平だった。

「メジャーか、日本か」

花巻東高校時代、ドラフト指名を受ける直前まで、大谷の心は大きく揺れていた。規格外のサイズであり、打ってよし、投げてよしの大谷の評判は、当時すでにメジャーの日本担当スカウトから本国に届いていた。

ロサンゼルス・ドジャース、テキサス・レンジャーズ、ボストン・レッドソックスとの面談を経て、メジャー挑戦を表明。だが、北海道日本ハムファイターズが単独1位で大谷を指名し、局面は大きく変わった。入団の決め手の一つとなった『大谷翔平君　夢への道しるべ～日本スポーツにおける若年期海外進出の考察～』と題された資料は非常に興味深い内容であり、栗山英樹《くりやまひでき》監督の方針は大谷の心に響いたのである。

投手と打者という「二刀流選手」として、この2年間は順調な成長過程を歩んできた。日本プロ野球史上タイ記録となる162キロを投げる〝日本人最速投手〟の称号を手に入れた。さらに2014年は、投げては11勝4敗で、打っても10本塁打と、プロ野球史上初となる「同一シーズンで2桁勝利と2桁本塁打」を達成する快挙だった。

日米野球最終戦。地元札幌ドームで大谷の先発が実現した。MLBの公式サイトは大谷の登板に合わせて、「大谷特集」を掲載。日米野球界の注目が集まる夜となった。

この日の大谷は力みからか、3四死球と制球が定まらず、苦しむ場面もあったが、随所に伸びのあるフォーシームで4回を投げて7三振を奪い、スカウト陣も満足顔だった。

「カウントをとりに行ったところを打たれたので、そのあたりは反省点です。ファウルを狙いにいくようなピッチングができていればもう少しいい結果になった。（7奪三振については）狙いに行ったときは空振りをとることができたのでよかった」。反省点を述べるだけでなく、メジャーとの初対戦で自分なりの収穫を得たことは今後につながるはずだ。

現在、大谷の一番いいボールはフォーシームだ。ただメジャーでは速いだけでは通用しない。スピードに力負けしないだけのスイングの速さが、各打者に備わっているからだ。やはり、持ち球であるスライダー、カーブ、フォークという変化球にさらに磨きをかけて、自分だけの「決め球」をものにする必要がある。

そして、彼の身体のサイズは来日したメジャーリーガーも驚くほどだった。まだまだ成長段階であり、これからさらに一回りも二回りも大きくなるだろう。戦える身体になったとき、史上最速の更新も予感させる。

彼が17歳の冬だった。一面の雪景色の花巻で、真っすぐな瞳で私に言った。「いつの日か、メジャーでプレーしたい」。あの瞳の奥の力強さはいまも鮮明に覚えている。

２０１９年オフ、大谷翔平が日本を去る「Ｘデー」になるはずだ。その日を見据えて、メジャーのＧＭたちはすでに動き出している。

日米野球から2017年WBCを占う〈日米野球特別編　終〉

８年ぶりの日米野球が侍ジャパンの３勝２敗で幕を閉じた。日本は１９９０年の４勝３敗１分け以来、24年ぶり２度目の勝ち越しとなった。５試合の総得点は侍ジャパンが16点、ＭＬＢオールスターが13点と、日本の総得点が初めてアメリカを上回った。

若手中心のチーム編成で、侍ジャパンを率いた小久保裕紀監督は、「大きな目標だったので、達成できたのは素直に評価したい。投手陣のレベルの高さを証明できたシリーズだと思う」と自信を深めた。日本の投手陣の素晴らしさは言うに及ばず、今回は野手陣の思い切りのよさも評価された。フルスイングの柳田悠岐や堅守の菊《きく》池《ち》涼介《りょうすけ》はメジャーから注目を浴びた。

一方で、小久保監督が指摘した、「先発左腕」「右打ち外野手」という今後の課題も見つかった。２０１７年の第４回ＷＢＣに向けて、監督は、このような選手の台頭に大きな期待を寄せることになるはずだ。

日本の選手にとっては、目標であるメジャーが身近な存在になる点でも日米野球は大きな機会だ。各選手がフィールド上で言葉を交わし、道具の交換や食事会など、交流を深める姿は日米野球ならではのシーンだ。

メジャー側から見たら、日米野球は以前にも増して「選手の見本市」になった。DVDやスカウトからのリポートは、ライブには勝てない。相手は現役のメジャーリーガーであり、WBC公式球やメジャーのマウンドの再現という環境で、日本人選手がどれくらいやれるのか、どれくらいの伸びシロがあるのか、というのは将来の獲得を見極める貴重な資料になるからだ。

また、これまでのオールスターチームではなく、侍ジャパンが強化試合の一環として臨んだ大会は意義のあるものとなった。次回のWBCを見据えたチーム編成や戦略など、一貫した代表チームづくりは、他国の追随を許さない独自のスタイルだ。侍ジャパンの運営会社として設立されたNPBエンタープライズが公式スポンサーやネット中継などで新たな資金源を確保しながら、今後どんな代表戦のマッチアップを考え、プロ・アマ一体となった野球界の振興をどのように図っていくのかも興味深いところだ。

侍ジャパンは天然芝や気候への対応を含めたコンディショニングしだいで、十分に覇権奪回はあり得る。日本の強力なライバルとなるのは間違いなく、ドミニカ、プエルトリコ、キューバといった中南米の強国になる。彼らはウィンターリーグという本気の戦いの場から、身体のコンディション、テンションともに高い状態でＷＢＣに入ってくるからだ。

そう考えると、「アメリカ代表は……」といまさらながら頭を抱え込んでしまう。選手のＷＢＣに対する価値観はまちまちで、出場が最優先事項だとは到底思っていない。エキシビションの域を出ることはないという認識のままだ。

その意味で、アメリカを本気にさせなければならない。真のドリームチームを本大会に出場させるためにも、今回の日米野球は一定の役割を果たした。「侍ジャパンは手ごわい」と、現役メジャーリーガーに植えつけられたのは収穫だった。ただ、彼らが自身の契約やシーズンの重みをさし置いてもＷＢＣに出る意義を見出せなければ、前に進まないだろう。

そのうえで、ＭＬＢのトップやＭＬＢ選手会が、本気で代表チームづくりをしない限り、世界一の称号は絵に描いた餅で終わってしまうはずだ。

Breaking News

右肘手術を決断したダルビッシュが投げかけた問題

「手術をして、その後チームに何ができるかを考えている。ポジティブな性格で暗い気持ちはまったくない」

テキサス・レンジャーズのダルビッシュ有がトミー・ジョン手術と呼ばれる靱帯《じんたい》修復手術を決断した。チームドクターのキース・マイスター、メッツのチームドクターのデービッド・アルチェック、そして執刀医となるジェームズ・アンドリューという3人のオピニオンに耳を傾け、最終的に手術に踏み切った。

ダルビッシュは2012年に6年契約でレンジャーズに入団し、15年シーズンが4年目だった。今季もサイ・ヤング賞の最有力候補といわれたエースの離脱。アメリカのスポーツ・メディアは、こぞってこのニュースを取り上げた。

スポーツ専門ケーブルテレビの「ＥＳＰＮ」は、ブレーキングニュースで報じた。専門家が「復帰まで1年以上は必要だし、今後もエース級がトミー・ジョン手術をする可能性は高まる」という見解を示した。

また、地元紙『ダラス・モーニング・ニュース』のエバン・グラント記者は、「昨年８月の右肘の炎症時に手術という選択肢はなかったこと、またダルビッシュもジョン・ダニエルＧＭもそれをミスだとは思っていないこと。そして、14年６週間投げなかった後のＭＲＩ検査でも問題が見つからなかったこと。さらに、15年の１０００万ドルの年俸の内、５００万ドルは保険でまかなわれること」にも言及した。

これまで３５０人を数える投手がトミー・ジョン手術を受け、近年では年間50人を超える投手が再起をかけてメスを入れた。特にレンジャーズはこの４年間で、12年のネフタリ・フェリツ、14年のマーチン・ペレス、そして今回のダルビッシュと３人の先発がトミー・ジョン手術を受ける悪夢に遭っている。

ダルビッシュは14年、ヤンキースの田中将大の右肘《ひじ》のケガのとき、「メジャーでも先発ローテーションを６人で回すべきだ」と主張し、ケガ予防のために問題提起してきた。

メジャーでは162試合を5人の先発で回す。つまり一人当たり年間33回は投げる計算になり、これを6人にすれば必然的に27回に軽減される。しかも、100球前後で交代するメジャーの慣習にならえば、ケガのリスクは当然減るはずだ。

それでは先発ローテーションを「6人」で回せばいいじゃないかと思うかもしれないが、そう簡単にはいかない。メジャーは契約社会だからだ。先発、セットアッパー、クローザーと役割分担がはっきりしていて、契約の際に投球イニングや投球間隔など詳細な記載もある。しかも、先発枠を1人増やすことになれば、チームを背負う主砲や先発は高給取りばかりだから、球団の総年俸は確実に上がり、オーナーにとっては負担増となり、頭の痛い問題になるのだ。

日本から海を渡った投手で、過去にトミー・ジョン手術を受けたのは、田沢純一（10年）、松坂大輔（11年）、和田毅（12年）、藤川球児（13年）、そして今回のダルビッシュと毎年のように続いている。今回、皮肉にも改革派のダルビッシュは、自らの手術という結果によって、メジャーのケガに対する考え方に、一石を投じることになった。

次代のスターを潰さないメジャーのチャレンジ

２０１４年に開催された日米野球の大会規定には、投球に関する特別ルールが設けられた。投球数は最大80球までと決められ、打席中に達した場合は打席完了まで。また、50球以上投げた場合は次の登板まで中４日を、30球以上または２日連続で投げた場合は中１日を空けるルールだった。ＷＢＣ本大会の投球ルールにのっとった開催となった。

日米野球開催と時を同じくして、ＭＬＢと全米野球協会は投手の故障を防ぐためのガイドラインを示した専門サイト「PITCH SMART.」を開設。プロとアマがタッグを組んで、共通認識でケガを未然に防ぐ取り組みを内外に示した。

ガイドランを見ると、８歳以下、９歳から12歳、13歳と14歳、15歳から18歳という４つの世代別に分けて、球数制限、登板間隔、投球回数の指標を示している点が素晴らしい。

球数制限の具体例として、たとえば17歳と18歳ならば、1日105球以下で中4日以上の登板間隔を空ける、また、1年間で100投球回数を超えてはいけないと提言。また、トミー・ジョン手術に関するQ&Aも掲載し、手術に関する啓発活動にも積極的だ。

この取り組みには大きな理由がある。歴史的に、トミー・ジョン手術は1年間で15人から20人のメジャーリーガーが受けていたが、過去3年では、年間25人から30人に激増。さらに、12年から13年にかけては、メジャーリーガーの25%、マイナーリーガーの15%が、過去に同手術を受けたことがあるという驚くべきデータが明らかになったからだ。

13年、春のセンバツで愛媛・済美高校の安楽智大《あんらくともひろ》（現・楽天）が、決勝まで3日連投を含む5試合に登板し、772球を投げたニュースはアメリカのメディアにも大きく扱われた。スポーツ専門ケーブルテレビ「ESPN」の「OUTSIDE THE LINES」という番組では、実際に来日して、同校野球部や安楽本人を取材し、日本の野球文化そのものにスポットを当てて報じていたほどだ。

その背景には、甲子園で活躍した松坂大輔、和田毅、ダルビッシュ有が相次いでトミー・ジョン手術を受けるなど、日本人投手の登板過多や投げ過ぎという点がアメリカでもクローズアップされる時代になったことがある。

日本高校野球連盟も、選手に対するサポート体制の確立に動き始めている。選手の健康管理に関して、全加盟校対象にアンケートを実施。現在は延長15回引き分けで再試合というルールだが、「タイブレーク方式」導入についての回答結果を公表した。条件つきを含めて49・7％の1964校が賛成。ただ、投手の投球数や投球回数の制限について、賛成は10％程度にとどまった。今後も継続協議によって、球児のために最善の方法を模索してほしい。

「侍ジャパン」の大号令のもと、オールジャパン体制が整った。是非、プロ・アマが協力して、次代を担う「侍」たちのために、彼らを守るガイドラインを作成してほしいと願うばかりだ。

Back to Japan

メジャーではなく、広島。黒田博樹の男気

「来季については、野球人として、たくさんの時間を熟考に費やしました。悩み抜いた末、野球人生の最後の決断として、プロ野球人生をスタートさせたカープで、もう一度プレーさせていただくことを決めました。今後も、また日々新たなチャレンジをしていきたいと思います」

黒田博樹が広島東洋カープへの復帰を決めた。その一報はクリスマス休暇中のメジャーのフロント陣にも瞬く間に届いた。スポーツ専門ケーブルテレビ「ESPN」が、「黒田がメジャーではなく広島を選択した。来季はヤンキースの先発陣ではなくなった」とヘッドラインで伝えれば、ニューヨークの地元紙は、「黒田の決断によってヤンキースの先発陣構想は大きな影響を受ける」と、相次いで報じた。

FA（フリーエージェント）市場を前にして、「MLB.com」がセイバーメトリクスの評価指標であるWAR（打撃、守備、走塁、投球を総合評価して貢献度を表す指標）を用いたFA選手のランキングを発表。黒田は日本人ではトップとなる5位にランクイン。「39歳で、黒田のような安定感を与える投手は少ない。5シーズン連続で196回以上の投球回数とリーグ平均以下の防御率を同時に達成している」。公式サイトはこう評した。

2014年のオフ、黒田は「メジャー残留、広島復帰、引退」の三択で揺れていたはずだ。メジャー関係者は日本選手初となる5年連続2桁勝利を記録した黒田の先発としての能力を高く評価していた。だからこそ、水面下ではパドレスの年俸1800万ドル（約21億6000万円）を筆頭に、古巣ドジャースも年俸1600万ドル（約19億2000万円）プラス出来高払いを提示した争奪戦が展開されていた。

そんななか、古巣の広島は毎年のように黒田にアプローチを続けていた。今回も粘り強い交渉を3度も重ねて口説き落とした。提示した条件は、1年契約の年俸4億円プラス出来高払い。それは、メジャーの資金力には遠く及ばない金額だった。メジャーの価値観ならば、間違いなく自分を高く評価してくれるチームでプレーするのが当たり前だ。

メジャー7年間で8830万ドル（約88億円）を稼ぎ出した黒田にとって、もはや金額はプレーするうえでのモチベーションにはならない。それよりも、自分を育て、メジャー行きを快く送り出してくれた広島への思いが変わることはなかった。07年11月のメジャー移籍会見での、「日本に戻ってプレーすることがあるならば広島しかない」という言葉を有言実行することこそ、40歳になる彼には大切だった。

かつて、広島市民球場のライトスタンドにはこんな横断幕が掲げられた。

「我々は共に闘ってきた。いままでもこれからも……。未来へ輝くその日まで、君が涙を流すなら、君の涙になってやる。Carp のエース　黒田博樹」

黒田のとった行動は、いまのメジャーの価値観ではなかなか理解できないものだった。すべては彼の〝男気〟以外の何物でもないだろう。8年ぶりの古巣復帰を果たした「背番号15」は、11勝8敗、防御率2・55（リーグ7位の）の成績を残し、今季もオリックスの金子千尋を上回る6億円の日本球界最高年俸プレーヤーとして日本一を目指している。

21 straight year

野茂英雄からの〝軌跡〟に赤信号！

１９６４年に村上雅則がサンフランシスコ・ジャイアンツでデビューしてから約30年後、野茂英雄がメジャーに強烈なインパクトを与えた。

その後も長谷川滋利、伊良部秀樹、マック鈴木、吉井理人、佐々木主浩など、日本人投手がそれぞれの個性を発揮し、「日本人投手」のレベルの高さを目の肥えた野球ファンに植えつけた。

２００１年、〝安打製造機〟イチローが日本人初の野手として、シアトル・マリナーズで鮮烈デビュー。新人王はもちろんのこと、ＭＶＰを獲得し、10年連続２００安打以上をマーク。04年には84年ぶりにシーズン最多安打記録を２６２本に更新した。

イチローの登場から2年後、巨人から初めてのメジャーリーガー・松井秀喜が誕生した。日本が誇るスラッガーはニューヨーク・ヤンキースの中軸としてワールドシリーズＭＶＰ

を獲得するなど活躍。内野手では松井稼頭央や井口資仁《いぐちただひと》、捕手では城島健司がデビューし、すべてのカテゴリーで日本人メジャーリーガーが生まれた。

その後、06年に初開催されたＷＢＣで存在感を示した松坂大輔やダルビッシュ有がポスティングシステムでメジャー移籍。これにＦＡの福留孝介《ふくどめこうすけ》や黒田博樹らの移籍は「日本人バブル」という言葉で、メジャー関係者の間でも交わされるようになった。

これまで40人を超える日本人メジャーリーガーがすべて思うような結果を残したわけではない。逆にいえば、「理想と現実」のギャップに苦しんだ選手のほうが多かった。しかし、異国の地で自らの掲げた目標を叶えるためのチャレンジ精神には大きな拍手を送りたい。

前置きが長くなったが、野茂から14年の田中将大まで、毎年のように新たな日本人メジャーリーガーが誕生する「20年連続記録」という〝軌跡〟があった。だが、15年の開幕を前にして、赤信号が点灯している。

14年のオフには、金子千尋や鳥谷敬という大物がメジャー挑戦の意思を表明したが、ふたを開けてみれば一人も挑戦することがなく、開幕メジャーのロースターに新たな日本人選手の名前を発見することはできなかった。

しかし、である。まだ連続記録が継続するわずかな可能性を背負った男が一人だけいる。14年限りでＤｅＮＡから戦力外通告を受けた冨田《とみた》康祐《こうすけ》がレンジャーズとマイナー契約を締結したからだ。名門・ＰＬ学園高校から青山学院大学、独立リーグの四国アイランドリーグの香川から２０１１年育成ドラフト１位でＤｅＮＡに入団。13年７月に支配下登録され、８月６日の巨人戦で１軍デビュー。１軍ではわずか１試合の登板に終わった冨田だったが、メジャーを席巻するフォークボールがスカウトの目に留まった。

マイナーからの階段を駆け上がり、15年シーズン中のメジャー昇格はかなり高いハードルだ。ただ、レンジャーズの抱えるチーム状況や投手陣の内情を考えても、冨田がアメリカンドリームの扉をこじ開ける可能性は残されている。野茂の継承者となることを祈りたい。

The Indians' 26th man

野茂に続け！ 21年連続記録をつなぎとめた救世主

救世主が現れた。その男の名は、クリーブランド・インディアンスで「メジャーリーガー」となった村田透《むらたとおる》だ。

2015年シーズンの開幕前に、野茂英雄から続いた21年連続日本人メジャーリーガー誕生に赤信号と予告した。14年オフは大物のメジャー移籍もなく、マイナーからの階段を駆け上がるのは「契約」という壁もあり、至難の業。そんな土俵際に追い込まれた中で、救世主となったのは、村田だった。

大阪体育大学大浪商から大阪体育大に進学し、3年時の全日本大学選手権では初優勝に貢献し、大会MVPに輝いた。07年の大学・社会人ドラフト1巡目で巨人に入団。入団会見では「上原選手に弟子入りしたい。上原選手が雑草なら、僕は蟻《あり》だ」と話し、〝上原2

世〟と大きな期待を寄せられた。しかし、3年間で一度も1軍に昇格できずに戦力外通告。合同トライアウトでインディアンスのスカウトの目に留まり、10年12月にマイナー契約を結んだ。

村田のマイナー道は、まさにいばらの道だった。この5年間、アドバンスドA級キンストン・インディアンスでマイナー・デビューしたものの、マイナーの頂点である3Aのコロンバス・クリッパーズと2Aのアクロン・エアロズで、「昇格と降格」を繰り返す日々だった。それでも、オフにはウィンターリーグに参加するなど、前向きな姿勢を崩さなかった。

開幕を迎えた3Aで14試合に登板して5勝3敗、防御率2・79と好投。クリス・アントネッティGMは、そんな村田に白羽の矢を立てた。これには追い風があった。6月27日のボルチモア・オリオールズ戦が雨天中止となり、28日にダブルヘッダーが組まれたため、急遽《きゅうきょ》村田をメジャー昇格させ、第2戦の先発を任せることにした。

本来、公式戦に出場できるベンチ入りは25人だが、12年から48時間以上前に開催が決まっているダブルヘッダーの場合に限り、1人だけ枠を増やして26人の登録が可能になった。村田はこのルールの恩恵を受け、日本で1軍出場がないまま、メジャー・デビューする初の日本人選手となった。

結果は、3回1／3を投げて2本塁打を含む4安打5失点で敗戦投手となった。MLB公式サイトは、「ムラタにはタフなデビュー戦だったが、前向きな印象を残した」と、メジャー初登板を速報。テリー・フランコーナ監督は、「彼はいい決め球をたくさん持っている。マウンドで打者を打ち取るのを楽しんでいたし、いいプレーをすれば誰かに話したくなるように、彼の投球は非常によかった」と評していた。

村田は登板後、自身のブログで、「QS（クオリティー・スタート）だったということはいいことでしたが、すべての決め球の詰めが甘過ぎました。また次に向けて練習します」と、前を向いていた。

初めての夢舞台で投じたボールは69球だった。今回はダブルヘッダー限定ルールによる昇格だったが、今後は実力でメジャーのマウンドへの返り咲きを狙ってほしい。

マイナーからメジャーに昇格する確率は、わずか5％といわれる。このわずかな可能性をこじ開けた、村田の今後の奮闘に期待したい。

MLB全面支援。アメリカにある侍ジャパンの理想郷

聖地・甲子園で、高校野球100年の節目に初優勝はならなかった。2015年のU18ワールドカップ決勝。アメリカ代表の3連覇の前に、侍ジャパンが惜しくも敗れた。

アメリカ代表は、パワーとスピードを兼ね備えたチームだった。世代を超えた一貫したチーム強化は何も今に始まったわけではない。1978年に設立された全米野球協会の心臓部は東海岸のノースカロライナ州ダーハムに本部を置き、1200万人のアマチュアプレーヤーを女子、12歳以下、14歳以下、15歳以下、17歳以下、18歳以下、大学、そしてプロの8つのカテゴリーで統括。さらに、全米の指導者と審判と連携しながら、広大なアメリカ大陸をつなぎ合わせる組織力を発揮している。

07年には全米代表専用施設「USA Baseball National Training Complex（BNTC）」

をノースカロライナ州ケリーに完成させた。４つの天然芝球場はすべてがメジャーリーグの基準で作られ、メインスタジアム「コールマン・フィールド」は２０００人収容で、代表グッズのショップも併設されている。侍ジャパンがうらやむほどの豪華な施設は、代表チームの合宿や練習試合はもちろんのこと、それ以外にも、大学野球のカテゴリーの一つ、ディビジョンⅡの全米一を決める「カレッジワールドシリーズ」や地元ノースカロライナ大学の本拠地としても利用されている。

今回来日したU18世代はアメリカ野球の心臓部といわれるカテゴリーであり、毎年6月に行われるドラフトではメジャー予備軍として大きな期待を背負っている。その証拠に、ＢＮＴＣを巣立ってメジャーの階段を駆け上がったブライス・ハーパー（ワシントン・ナショナルズ）、クレイトン・カーショー（ロサンゼルス・ドジャース）、マット・ホリデーイ（セントルイス・カージナルス）等のオールスター選手は枚挙にいとまがない。

日本の甲子園に当たるようなトーナメント方式による全米大会がないため、ＭＬＢの全面支援により、全米からえりすぐりの高校生をＢＮＴＣに招き、実力を見極める。また、「U17」という一つ下の代表チームを置いて連携・強化することで、世代交代というバトンの受け渡しを円滑に、そして力強いものにしている点も見逃せない。その結果、パンアメリカ選手権は11年と14年、そしてワールドカップは12年・13年、そして今回を加えた「5冠」を達成。協会側が描くプランは、「世代最強」として結果に結びついている。

前述したコールマン・フィールドのホームベースの後ろには、MLBのロゴマークが芝生の上に奇麗にペイントされている。プロ・アマが一体となって育成・強化し、「現在・過去・未来」という時代を超えて、アメリカ野球発展に寄与している姿を見ると、侍ジャパンが目指すべき〝理想郷〟がそこにあるように思えてくるのだ。

2015 Stove league

〝熱男〟松田と〝マエケン〟前田はメジャーに行けるのか!?

２０１５年11月の第2週。フロリダ州ボカラトンでＧＭ会議が行われた。メジャーのストーブリーグは、この会議からスタートするといっていいほど、情報交換が盛んに行われる。

14年は金子千尋や前田健太がアクションを起こすことなく、噂《うわさ》だけに終わり、久々に日本の大物がメジャー移籍をしないという寂しいオフになった。しかし、15年はすでにフリーエージェント市場で、「ＭＡＥＤＡ」の名前が広く知れ渡り、各スポーツサイトが発表するランキングでも実績のある選手を抑えて、上位に顔を出している。

さらに、日本シリーズを制したソフトバンク・ホークスから松《まつ》田《だ》宣浩《のぶひろ》が、「この度、海外ＦＡの権利を行使することを決意しました」と、書面にて海外ＦＡ権行使を宣言。今季「35本塁打と94打点」とキャリアハイの成績を残した松田は、国内なら残留という方向で、メジャーからのオファーを待つことになった。日本内野手に限れば、13年の田中賢介《たなかけんすけ》以来の挑戦となるかもしれなかった。だが、日本内野手に対して向けられる目は、過去の8人の移籍選手の残した結果から考えても厳しいものであり、ホークスが提示する条件と比較した場合、見劣りするものになった。

事実、メジャー球団が獲得に興味を示したものの、内野の複数ポジションをこなせる条件で交渉は難航。結局、王貞治《おうさだはる》ソフトバンク会長からの要請で、松田は残留を決断し、4年俸総額16億円+出来高払いで、古巣で3連覇を目指すことになった。

話を前田に戻すが、彼に対する期待感は、いまに始まったことではない。第3回のWBCを起点にリストアップが本格化し、メジャーのスカウティングの本命になり、昨シーズンも、アリゾナ・ダイヤモンドバックスのデリック・ホール球団社長を筆頭に、複数の球団幹部が前田の登板を視察に来日している。

さらに15年に開催された「プレミア12」の登板日には、カブス、ダイヤモンドバックス、ヤンキースなど、15球団のスカウトがバックネット裏に陣取って、前田にスピードガンを向けた。

抜群の制球力と、完成度の高い投球術は、海の向こうにいるGMたちが最も評価する点だ。ダルビッシュや田中というエース級の扱いではないが、ローテーションの一角を担う先発として、どのチームにもフィットすると評価された。

前田が海外FA権を取得するのは、17年のオフとなる。それまでにメジャー移籍するには、保有権を持つ広島がポスティングを容認するしか道はなかった。ポスティングは海外FA権を持たない選手に移籍の門戸を開くだけで、選手の権利ではないからだ。あくまでも、所属球団である広島に行使するかどうかの権利があるのだ。

そして、その広島も昨年、もしくは16年（オフに国内FA権取得）のどちらかで前田をポスティングで容認しなければ、球団の金庫には一銭も入ってこないのだ。「売り時」をシビアに見極めなければならない背景があった。

「私は前田を愛している」

これは獲得に一番熱心だったダイヤモンドバックスのデーブ・スチュワートGMが14年オフに言った言葉だ。大本命と目されたダイヤモンドバックス、加えてドジャース、ジャイアンツ、アストロズ、カブス、アメリカン・リーグでは、ヤンキース、レッドソックス、ロイヤルズ、マリナーズなど、虎視眈々《こしたんたん》と狙っていた。

メジャーのGMは、広島東洋カープの決断をいまかいまかと待っていた。

The merits and demerits

マエケンのメジャー移籍容認——ポスティングの功罪

去就が注目されていた広島の前田健太のメジャー移籍を球団が容認した。そのニュースはすぐに海を越えて、アメリカのスポーツ・メディアも一斉に報じた。2012年からメジャー移籍を訴えてきた前田のメジャー志向は30球団の首脳陣も十分承知しており、「ついに来たか」という反応に違いない。

日本のプロ野球の現行ルールでは海外移籍は、⑴自由契約、⑵海外FA権、⑶ポスティングシステムという3つの方法でしかいくことができない。⑴は球団が保有権を放棄することで、国内外を含めてどこでも自由に移籍ができる身分になること。⑵は145日以上出場選手登録されたシーズンを1シーズンとして計算し、合計9シーズンに達したときに「海外FA権」を取得できること。

そして、今回前田が利用するのが、3つ目のポスティングシステムだ。1998年にできた同制度は海外FA権を持たない選手に移籍の可能性を開くものであり、所属球団である広島が承認しない限り、前田のメジャー移籍は実現しない制度だった。

また、同制度の施行以来、最高落札額を入札したメジャー球団に独占交渉権が与えられていたが、2013年に改訂された新制度は、所属球団は2000万ドルを上限に入札額を設定し、その額で入札したすべての球団に交渉権を与えることになった。

戦力の均等化や平等の原則を主張するメジャー側が、中小マーケットの球団の主張を受け入れ、資金力のある球団ばかりに日本人選手が偏る過去の傾向に、「待った」をかけた。しかし、多くの球団が入札するようになり、選手の獲得競争はマネーゲームと化し、年俸面は飛躍的に上がった。一方、これまで選手の価値によって青天井だった入札額に上限が設けられた日本の球団は、この制度の最大のうまみだった大きな「見返り」を失うことになった。

楽天の立花陽三《たちばなようぞう》社長は、新制度でヤンキースに入団した田中将大の容認会見で「新たなポスティングシステムには多くの問題があり、極めて不平等なシステム」と不快感をあらわにした。つまり、新制度の導入はメジャー球団と該当選手が勝ち、日本の球団が負けという構図をはっきりさせた。
広島の鈴木清明《すずききよあき》球団本部長は、「来年(2016年)以降のポスティングシステムの環境面などを総合的に検討した結果、今年、ポスティングによるメジャー移籍を試みることが球団にも前田投手にも、一番いいタイミングと判断した」と、決断の理由を話したが、容認する以外に、道はなかったと考えるべきだ。

理由は二つある。一つ目は順調にいけば、16年の開幕早々に国内FA権(出場選手登録日数は7年137日)、そして、17年に海外FA権を取得する。13年オフから将来的なメジャー挑戦の意向を伝えていた前田がいずれ広島のユニホームを脱ぐことは確実であり、もしそうなれば、広島は一切の見返りもなく、エースを手放さなければならない。

さらに、二つ目が、一番の不安要素であるポスティングの今後だ。同本部長が、「制度自体がどうなるかもわからない」と話すように、現行のポスティングシステムが今年のオフに期限切れを迎える。青天井だった入札額に上限を突き付けて制度を変更させたメジャー側が、今度は制度そのものの撤廃を主張してくるかもしれない。「日本人選手はすべてFAで獲得したい」「人件費の支出を極力抑えたい」と考えれば、当然の流れだろう。日本のプロ野球を統括する日本野球機構がメジャーという黒船の襲来の前に、今回はいち早く次なる一手を打てるかどうかも、注視したいところだ。
不安要素を抱えたまま前田の夢を縛るよりは、2度目の沢村賞に輝くほどの活躍と貢献を評価し、前田の夢を応援したほうが球団のイメージはさらにアップするはずだ。そのうえで、上限2000万ドル（約24億円）に設定する落札額を新たな資金として、未来に向けた球団戦略を描いたほうが、得策と判断したのである。

ここ数年、FA市場の動きは鈍い傾向だったが、昨年オフは変化があった。すでに、ストーブリーグの目玉といわれた左右の2大エースが史上最高額を更新する大型契約を相次いで結んだからだ。左のデービッド・プライスがボストン・レッドソックスと7年総額2億1700万ドル（約260億円）、平均年俸3100万ドル（約37億円）という投手のメジャー最高額で先行すれば、右のザック・グリンキーはダイヤモンドバックスと6年総額2億6500万ドル（約254億円）で合意。平均年俸は約3440万ドル（約42億3120万円）で、プライスの記録をあっさりと更新した。

15年12月7日からテネシー州ナッシュビルで開催したウィンター・ミーティングから、いよいよマエケン争奪戦が本格化することになった。

甲子園からメジャーへ
——清宮幸太郎が海を渡る日

２０１５年8月6日、１００周年を迎える夏の甲子園が開幕した。そして、日本中の話題をさらったのが、早稲田実業の1年生、清宮幸《きよみやこう》太郎《たろう》だ。

「清宮」と聞けば、野球ファンよりも、ラグビーファンのほうが熱くなるはず。幸太郎の父親は早稲田大学ラグビー部や日本代表で活躍し、現在は、ヤマハ発動機ジュビロの監督を務めている清宮克幸《きよみやかつゆき》。だからこそ、メディアが注目しないわけがない血筋のサラブレッドだ。

清宮の名前は、日本よりもアメリカで早くから有名だった。最初に「Kiyomiya」が全米から注目されたのは、アメリカの夏の風物詩である「リトルリーグ・ワールドシリーズ」。12年のことだった。

スポーツ専門ケーブルテレビ「ESPN」や3大ネットワークの「ABC」が全米中継するこの大会は、日本でいえばまさに夏の甲子園。毎年、ペンシルベニア州ウィリアムズポートにおいて、世界中から予選を勝ち抜いた16チームの野球少年・少女が一堂に集まり、世界一を目指す大会だ。この季節になると、メジャーのクラブハウスのモニターでも、一挙手一投足に一喜一憂するほどだ。

13歳にして182センチ、93キロの巨漢と紹介された清宮少年は、そのリトルリーグ離れした体格から繰り出されるパワフルな打撃と、メジャーのスピードに換算した場合で104マイル（167キロ）という豪速球は、他の選手を圧倒。「和製ベーブ・ルース」と形容されるほど抜きん出た存在だった。

その年、同大会を訪れていたフィラデルフィア・フィリーズの左の大砲ライアン・ハワードも驚くその才能は、将来のメジャーリーガーを嘱望される逸材といっていいだろう。現にトリー・ハンターやデレク・ジーターなどあまたのメジャーリーガーが輩出しているが、同大会はこの世代にしてみれば、夢のメジャーを目指す登竜門の位置づけなのだ。さらに同大会とワールドシリーズの両方を経験した選手はボストン・レッドソックスでプレーしたジェイソン・バリテックなど、わずか11人。清宮はこの狭き門に挑戦する資格を保持する選ばれし逸材ということになる。

清宮は1年生の夏、西東京大会の6試合で20打数10安打10打点、打率5割で、同校を5年ぶりの甲子園出場に導く活躍ぶりで、注目度は日増しに高まるばかりだった。非常に気の早い話だが、複数のメジャー関係者は「(メジャーでは)一塁手は長距離砲の定位置なので、日本人選手にその役割を求める球団があるかどうかは未知数。そういう意味では彼がパイオニアになる可能性ある」と、現時点での評価を下した。

1998年の松坂大輔の出現以降、メジャーのスカウトの「甲子園詣で」は重要なスカウティング活動の一環となり、もはや当たり前になった。清宮が松坂、ダルビッシュ有、田中将大のように、彼らをうならせるような存在になるかどうか。そしてまた、2年後に早稲田大学に進むのか、それとも日本のプロ入りか、はたまた日本を飛び越えてメジャーを目指すのか。

いずれにしても、清宮は「将来的にメジャー志向」と聞く。現段階でも、メジャーの球団フロントがその動向を注視している事実をどこよりも早く書き記しておきたい。

The Truth

ウィンター・ミーティングとは、何か⁉

2015年12月7日から11日（日本時間）までテネシー州ナッシュビルで開催されたウィンター・ミーティングが幕を閉じた。この数年、日本でも「ウィンター・ミーティング」というワードが報道されるようになった。

1901年に始まった歴史あるウィンター・ミーティングは、メジャーとマイナーのリーグ関係者を始め、メジャー30球団とマイナーの160のオーナー、社長、GMなどのフロント陣、そして、監督。他にもエージェント、メディア、野球関連会社などが一堂に介する巨大なコンベンションのことだ。

114回目の会場になったのは、「ゲイロード・オープリーランド・リゾート&コンベンションセンター」だ。客室2711室とスイート171室を完備する巨大ホテルにはすべてがそろっている。最大7000人収容の宴会場を筆頭に、152個のミーティングルーム、スパ、ゴルフ場、プール、フィットネスセンター、約3・6ヘクタールの屋内庭園には滝も流れ、遊覧ボートのアトラクションもあるほどだ。

そんな至れり尽くせりの豪華な会場では、MLBのミーティングからフリーエージェントやポスティングをめぐる交渉があちらこちらで行われている。また、全米をはじめ、日本からも駆けつける700人を超えるメディアのために、監督やGMの公式会見も行われ、今年は、「マエダ」の名前も頻繁に飛び交うことになった。

日が沈んで行われる晩餐会では、メジャーを頂点とするアメリカ野球のピラミッドの中から、優れたフランチャイズに9つのアワードが贈られる。たとえば、最高峰の一つである「ジョン・ジョンソン・プレジデント賞」は、野球産業やコミュニティーへの貢献などが顕著なフランチャイズを選出するもので、今年はマイナーのミッドウェストリーグのサウスベンド・カブスに栄冠が輝いた。また、マイナーリーグの4つのクラスの優れた球団フロントに対して、「ジョー・バウマン・トロフィー」が贈呈された。加えて、すべてのマイナーリーグを対象に、3Aのインターナショナル・リーグからルーキーリーグのパイオニア・リーグまで15のクラスに、「2015　最優秀エグゼクティブ賞」が贈られた。

これればかりではない。野球殿堂入り行事の一環として、第3代コミッショナーであり、野球殿堂創設とラジオ中継に尽力したフォード・フリックの名を冠して1978年にできたスポーツ放送界最高の栄誉とされる「フォード・C・フリック賞」は、NBC放送のグラハム・マクナニー氏に贈られた。また、1962年に亡くなった『スポーティング・ニュース』誌発行人のJ・G・テイラー・スピンクの名を冠した「J・G・テイラー・スピンク賞」が、『ボストン・グローブ紙』のダン・シャウグネシー氏に贈呈された。

3000人を超える野球関係者が集まるのだから、野球ビジネスの最先端技術や商品開発が披露される。最新の野球ギア、スタジアム施設、イベントプロモーション会社、野球関連サービスまで、300を超える企業が出展する「トレードショー」も開催される。さらに、野球界で働きたい学生や転職を狙うビジネスマンのために、マイナーリーグが面接を行う「ジョブフェア」も、目玉の一つだ。この時期に、インターンシップを含めて、500人規模の採用が行われるから、野球界への〝シューカツ組〟にとっては外せないイベントなのだ。

この1年の野球界を振り返りながら、翌年のペナントレース制覇を目指し、GMが忙しく動き回り、エージェントがスマホを片時も手放さない。巨額なマネーが飛び交う会場の一角では、未来のエグゼクティブを目指すリクルート・スーツ姿の学生が、履歴書を片手に夢を追う。

メジャーの「現在・過去・未来」が4日間に凝縮されている。それがウィンター・ミーティングの本当の顔なのかもしれない。

清原容疑者逮捕。メジャーの視点から考えるべき薬物問題

２０１６年2月2日以降、日本中はこのニュースで持ちきりだった。警視庁が、元プロ野球選手の清原和博容疑者（48）を覚醒剤取締法違反で逮捕した事件だ。

海の向こうメジャーでは禁止薬物に関して、毎年のように違反者が後を絶たず、根絶が叫ばれるものの、なかなか一掃できないのが現状だ。国際オリンピック委員会が薬物一掃に積極的な姿勢だったが、メジャーがこの問題と真剣に取り組むようになったのは２００0年代に入ってからのことだ。

03年に初めてドーピング検査が実施されたが、たとえ陽性反応でも罰則規定はなかった。翌04年に、5回の違反で1年間の出場停止というルールが初めてできた。流れが変わったのは、05年に発売されたホセ・カンセコの自叙伝だった。非常に衝撃的な中身は、マー

ク・マクガイアやジェイソン・ジアンビーというオークランド・アスレチックスの元チームメート、ラファエル・パルメイロやホアン・ゴンザレスという長距離砲が薬物を使用していたことを実名で暴露したものだった。これを受けて、下院議会の公聴会で、アレックス・ロドリゲスやサミー・ソーサというスター選手が召喚され、カンセコは自らが使用したことを認めて、さらに波紋を広げた。

その後も、当時のバト・セリグ・コミッショナーの命を受けたジョージ・ミッチェル元民主党上院議員が報告した「ミッチェル・リポート」には89人の実名が挙げられ、球界が薬物に汚染された事実が明らかになった。この後も、バリー・ボンズの薬物スキャンダルも重なり、球界全体に重苦しい空気が流れた。

薬物問題は連日メディアに取り上げられ、注射器やムキムキの筋肉の選手の風刺画も登場するなど、グラウンド外の話題が先行した。社会、そして青少年への影響を考慮して、一刻も早くクリーンなイメージづくりをしたかったセリグ・コミッショナー、そして選手会は、重い腰をあげざるを得なかった。そこで、ＭＬＢは世界アンチ・ドーピング機関（ＷＡＤＡ）に準拠した厳格な検査を実施する決断をした。

筋肉増強剤の罰則は幾度の強化を経て、一度目の違反で80試合、2度目は1年間の出場停止、3度目で永久追放となる、いわゆる「スリーストライク・ポリシー」が導入された。

また、ヒト成長ホルモン（ＨＧＨ）などを発見する血液検査に関しては、シーズンオフとスプリングトレーニングだけに限定されていたが、シーズン中でも抜き打ちで実施する事に罰則が強化された。

プロ野球選手という夢を叶えながら、その世界から「永久追放」という罰則を受けるルールを整備したのにもかかわらず、薬物に手を出す選手は後を絶たない。15年シーズン、ＭＬＢ機構と選手会は薬物規定違反で10件が出場停止処分の対象になり、６５３６件の尿検査と、１６２２件の血液検査の合計８１５８件を実施したと発表。また、薬物汚染は最高峰のメジャーリーガーだけでなく、将来を嘱望されるマイナーリーガーにも拡散し、１００人以上が処分を科され、彼らの身体をむしばんでいる。

一方、ＮＰＢは今キャンプ中に、全12球団を巡回して、野球賭博や薬物問題の研修会を開催している。07年から導入したドーピング検査は抜き打ちで実施され、試合開始60分前に「ドーピング検査対象試合」を通知し、５回終了時にベンチ入り25人からクジで２人ずつの対象選手を決定している。

また、罰則規定は、⑴けん責、⑵１試合以上10試合以下の公式戦出場停止、⑶１年以下の公式戦出場停止、⑷無期限の出場資格停止、としている。

洋の東西を問わず、禁止薬物であっても、法律で禁止された覚醒剤であっても、「薬物は薬物」であり、決して許されるものではない。大きな期待を背負った選手や高額年俸選手が、結果に対するプレッシャーやケガの痛みから逃れるために。また引退後、華やかな世界から離れ、思うようにいかないことによる現実逃避から、薬物に手を出す。その理由はさまざまだろう。しかし、越えてはいけない一線を越えることで、失うものはあまりにも大きいと言わざるを得ない。

特に今回の清原容疑者のケースを見ていて感じたことは、人生の道標や選択肢を与えられるような存在、例えばエージェントのような人間が日本のプロ野球にもっと浸透していれば、子どもたちへの支援活動や基金の設立、野球教室など、手にした名声やお金の使い道も上手になるだろうし、広く社会に還元でき、引退後も野球に関わる新たなモチベーションを生み出すことができるのではないだろうか。

反社会的行為の根絶に向けて、プロ野球がアンチ・ドーピングに真剣に取り組むことにより、プロ野球選手を夢見る子どもたちのお手本となると同時に、社会の一員として責任を果たすことにつながるはずだ。「第二の清原」を出さないために、野球界は薬物から目を背けずに、正面から向き合ってほしい。

2015年の世界野球WBSCプレミア12において、
大会ベストナインに選出された大谷翔平。
今春、アリゾナ州で行われた北海道日本ハムファイターズの
スプリングキャンプでは、メジャーの首脳陣やスカウトが
見つめる中、早くも「200億円」の値札がつけられた。

【MLB参考資料】

★歴代コミッショナー

コミッショナー（元の職業）	在任期間
ケネソー・マウンテン・ランディス（判事）	1920～1944年
ハッピー・チャンドラー（政治家）	1945～1951年
フォード・フリック（野球記者）	1951～1965年
ウィリアム・エッカート（空軍中佐）	1965～1968年
ボウイ・キューン（弁護士）	1969～1984年
ピーター・ユベロス（実業家）	1984～1988年
バート・ジアマッティ（イェール大学教授）	1988～1989年
フェイ・ヴィンセント（弁護士）	1989～1992年
バド・セリグ（実業家）	1998～2015年 （1992～1998年は代行）
ロブ・マンフレッド（弁護士）	2015年～

★ニューヨーク・ヤンキースの歴史

1903年1月9日	フランク・フェレルとビル・デベリーがアメリカンリーグのボルチモアのフランチャイズ権を1万8000ドル（198万円）で購入し、ニューヨークに移転した。
1915年1月11日	ジェイコブ・ラッパーとティリングハスト・ヒューストンが46万ドル（5060万円）でヤンキースを買収した。
1922年5月21日	ラッパートがヒューストンから150万ドル（1億6500万円）で株式を買い取り、単独オーナーになった。
1939年1月13日	ラッパート死去。
1945年1月25日	ダン・トピング、デル・ウェブ、ラリー・マクファイルの3人が、ラッパートから280万ドル（3億800万円）で購入した。
1964年11月2日	アメリカ3大ネットワークの一つ、CBS放送が80%の株式を1120万ドル（12億3200万円）で買収し、後日残りの20%も買い取った。
1973年7月3日	ジョージ・スタインブレナー率いる投資グループが、CBS放送からヤンキースを880万ドル（9億6800万円）で買収した。
2008年11月20日	MLBオーナー会議で、ジョージ・スタインブレナーからハル（息子）への代表交代が正式に承認され、権限委譲が行われた。

★MLB30球団の市場価値

順位	チーム名	オーナー名	購入年	購入価格 ($100万)	球団価値 ($100万)
1位	ニューヨーク・ヤンキース	ハル・スタインブレナー	1973年	8.7	3200
2位	ロサンゼルス・ドジャース	グッゲンハイム・ベースボール・マネジメント	2012年	2000	2400
3位	ボストン・レッドソックス	ジョン・ヘンリー	2002年	380	2100
4位	サンフランシスコ・ジャイアンツ	チャールズ・ジョンソン	1993年	100	2000
5位	シカゴ・カブス	トム・リケッツ	2009年	700	180
6位	セントルイス・カージナルス	ウィリアム・O・デビット・ジュニア	1996年	150	1400
7位	ニューヨーク・メッツ	フレッド&ジェフ・ウィルポン、ソール・キャッツ	2002年	391	1350
8位	ロサンゼルス・エンゼルス・オブ・アナハイム	アルトゥーロ・モレノ	2003年	184	1300
9位	ワシントン・ナショナルズ	テッド・ラーナー	2006年	450	1280
10位	フィラデルフィア・フィリーズ	デビッド・モンゴメリー	1981年	30	1250
11位	テキサス・レンジャーズ	レイ・デイヴィス、ボブ・シンプソン	2010年	593	1220
12位	アトランタ・ブレーブス	リバティ・メディア.	2007年	400	1150
13位	デトロイト・タイガース	マイケル・イリッチ	1992年	82	1125
14位	シアトル・マリナーズ	Nintendo of America	1992年	100	1100
15位	ボルチモア・オリオールズ	ピーター・アンジェロス	1993年	173	1000
16位	シカゴ・ホワイトソックス	ジェリー・レインズドルフ	1981年	20	975
17位	ピッツバーグ・パイレーツ	ロバート・ナッティング	1996年	92	900
18位	ミネソタ・ツインズ	ジェームズ?・ポーラッド	1984年	44	895
19位	サンディエゴ・パドレス	ロン・ファウラー、セドラー／マレー一家	2012年	600	890
20位	シンシナティ・レッズ	ロバート・カステリーニ	2006年	270	885
21位	ミルウォーキー・ブリュワーズ	マーク・アタナシオ	2005年	223	875
22位	トロント・ブルージェイズ	ロジャース・コミュニケーションズ	2000年	137	870
23位	コロラド・ロッキーズ	チャールズ・モンフォート、リチャード・モンフォート	1992年	95	855
24位	アリゾナ・ダイヤモンドバックス	ケン・ケンドリック	2004年	238	840
25位	クリーブランド・インディアンス	ローレンス・ドーラン	2000年	323	825
26位	ヒューストン・アストロズ	ジム・クレイン	2011年	465	800
27位	オークランド・アスレティックス	ルイス・ウルフ	2005年	180	725
28位	カンザスシティ・ロイヤルズ	デイビッド・グラス	2000年	96	700
29位	マイアミ・マーリンズ	ジェフリー・ローリア	2002年	158	650
30位	タンパベイ・レイズ	スチュアート・スタンバーグ	2004年	200	625

＊『Forbes』

〈参考文献〉
MLB.com
ESPN.com
USA TODAY.com
ニューヨーク・タイムズ
ニューヨーク・ポスト
ニューヨーク・デイリーニューズ
日刊スポーツ
スポーツニッポン

古内義明　ふるうち・よしあき

1968年7月7日生まれ。立教大学法学部法学科卒業。在学中は体育会硬式野球部に所属し、神宮で活躍。その後、渡米してニューヨーク市立大学大学院修士課程スポーツ経営学科修了。"アメリカ発の視点"に立ち、球団関係者や代理人などと独自の人脈や情報網を確立し、これまで2千試合以上を取材したメジャーリーグ取材の第一人者。株式会社マスターズスポーツマネジメント代表取締役。アマチュアプレーヤー向け『サムライベースボール』発行人。立教大学非常勤講師で、「スポーツビジネス論〜メジャーリーグの1兆円ビジネス」の教鞭を執る。著書に『無敗の男ー田中将大』『松井秀喜ー献身力』(大和書房)、『ダルビッシュの背負う十字架〜越えるべきメジャーの壁〜』(扶桑社)、『イチローVS松井秀喜〜相容れぬ2人の生き様』(小学館新書)、『メジャーリーグのWBC世界戦略〜6000億円ビジネスのからくり』(PHP新書)など多数。

【著者公式ブログ】http://ameblo.jp/msmatnyc/

【公式ツイッターアカウント】「MSMATNYC」

メジャーの流儀《りゅうぎ》

イチローのヒット1本《ぽん》が615万円《まんえん》もする理由《りゆう》

2016年4月1日　第1刷発行

著　者　古内義明《ふるうちよしあき》
(株式会社マスターズスポーツマネジメント)

発行者　佐藤 靖

発行所　大和《だいわ》書房
東京都文京区関口1-33-4　〒112-0014
電話　03(3203)4511

装幀・本文デザイン　bookwall

イラスト　竹田嘉文

校正　別府由紀子

写真提供　アフロ

本文印刷　厚徳社

カバー印刷　歩プロセス

製　本　ナショナル製本

ISBN978-4-479-79517-9

http://www.daiwashobo.co.jp